PUBLICATION DE LA RÉUNION DES OFFICIERS

NOTICE HISTORIQUE

SUR LE CORPS DES

CARABINIERS FRANÇAIS

PAR

G. DE JUZANCOURT

CAPITAINE AU 7ᵉ RÉGIMENT DE CUIRASSIERS

Toujours au chemin de l'honneur

PARIS

CH. TANERA, ÉDITEUR

LIBRAIRIE POUR L'ART MILITAIRE, LES SCIENCES ET LES ARTS

6, Rue de Savoie, 6

1877

NOTICE HISTORIQUE

SUR LE CORPS

DES CARABINIERS FRANÇAIS

PARIS

TYPOGRAPHIE GEORGES CHAMEROT

19, RUE DES SAINTS-PÈRES, 19

PUBLICATION DE LA RÉUNION DES OFFICIERS

NOTICE HISTORIQUE

SUR LE CORPS

DES CARABINIERS FRANÇAIS

PAR

G. DE JUZANCOURT

CAPITAINE AU 7ᵉ RÉGIMENT DE CUIRASSIERS

Toujours au chemin de l'honneur.

PARIS

CH. TANERA, ÉDITEUR

LIBRAIRIE POUR L'ART MILITAIRE, LES SCIENCES ET LES ARTS

Rue de Savoie, 6

1877

PRÉFACE

—

Aujourd'hui chaque régiment tient à honneur d'avoir son historique et de marquer ainsi la part qui lui revient des anciennes gloires de nos armées.

C'est ce que l'auteur s'est proposé de faire pour ce corps qui n'est plus, en retraçant dans cette courte notice les faits les plus importants de l'histoire si glorieuse des carabiniers; afin que chacun sache que ceux-ci, que nous avons vus pendant les dernières années de leur existence si beaux à la parade, avaient conquis leurs droits à la renommée par d'autres succès et d'autres gloires.

G. J.

Versailles, juillet 1877.

NOTICE HISTORIQUE

SUR LE CORPS

DES CARABINIERS FRANÇAIS

CHAPITRE PREMIER.

ORIGINES DES CARABINIERS. — CRÉATION DU CORPS ROYAL
DES CARABINIERS. — PREMIÈRE ORGANISATION. — (1676-1694.)

Dès les quatorzième, quinzième et seizième siècles,
aux époques mêmes des premières formations de l'armée permanente en France, tout en organisant des
compagnies, légions, etc., de troupes destinées à combattre en ligne, on avait compris déjà la nécessité
d'avoir des corps auxquels seraient plus spécialement
réservées les entreprises hasardeuses, les missions de
confiance. C'est ainsi qu'à cette époque on donnait le
nom d'*enfants perdus* à des soldats d'élite, ordinaire-
ment placés aux avant-postes et choisis dans les bandes
les mieux disciplinées. On en formait quelquefois de
petits corps détachés, destinés à marcher en tête des
colonnes d'attaque. Ils servaient également pour éclai-
rer les marches et les convois. C'étaient eux aussi qui

avaient l'honneur de monter les premiers à l'assaut d'une place.

On les arma de grenades en 1537, époque de l'invention de ce projectile, et on les employa dans les siéges à jeter cette arme meurtrière. Ils prirent alors le nom de *grenadiers,* qu'ils conservèrent depuis, même après que cette spécialité leur fut enlevée, et qui devint le synonyme de soldat d'élite d'infanterie.

En 1667, on plaça quatre grenadiers par chaque compagnie d'infanterie. Les services importants que ces soldats d'élite rendirent dans leur arme donnèrent l'idée d'une création analogue pour la cavalerie (1). A cet effet, en 1676, Louis XIV fit prendre des carabines à quatre gardes du corps de chaque brigade. Le maréchal de Créqui ayant tiré le plus grand parti de ces cavaliers, on en mit, en 1677, quinze, puis bientôt après dix-sept, par brigade. Ils prirent alors le nom de *carabiniers,* à cause de l'arme spéciale qui leur était affectée (2). Par ordonnance du 26 décembre 1679,

---

(1) Cette analogie devait se poursuivre plus tard; car, de même que Louis XIV réunit en corps les compagnies de carabiniers, de même en 1749, par ordonnance du 15 septembre, fut formé le corps des grenadiers de France des compagnies de grenadiers des bataillons réformés.

(2) Les compagnies de carabins, qui furent créées sous Charles IX et subsistèrent jusqu'au commencement du règne de Louis XIV, ne sont point les ancêtres des carabiniers. Ces cavaliers, d'origine arabe ou espagnole, n'étaient primitivement armés que d'une massue ou gros bâton, espèce de lance ferrée aux deux extrémités. Ce ne fut que sous Henri IV qu'ils reçurent une arme à feu de courte dimension qui fut alors nommée carabine, du nom des cavaliers qui en eurent les premiers l'emploi. Les carabins sont les véritables ancêtres des dragons.

Louis XIV établit dans chaque compagnie de sa cavalerie deux carabiniers choisis parmi les cavaliers les plus adroits tireurs. On leur donna 13 livres de solde, au lieu de 10 livres 10 sols que recevaient les autres cavaliers.

Pendant la campagne de 1690, le maréchal de Luxembourg les avait réunis en corps. Ils se distinguèrent d'une façon toute particulière à la bataille de Fleurus. C'est alors que le Roi ordonna que l'on formât par régiment de cavalerie une compagnie de carabiniers. Cette compagnie était de trente maîtres ; elle avait un capitaine, deux lieutenants, un cornette et un maréchal des logis ; chaque mestre de camp, dans son régiment, choisissait les officiers. Le capitaine, pour faire sa compagnie, avait le choix de donner 260 livres pour le cavalier tout monté ou 60 francs pour l'homme seul. Il choisissait aussi par compagnie un nombre égal dans chacune, et il n'y avait d'exclus que les deux brigadiers et les deux carabiniers, pour laisser toujours des têtes aux compagnies de cavalerie. La compagnie devait toujours suivre son régiment, et cependant être toujours prête à camper séparément. Elle était aussi recrutée dans le régiment à tour de rôle, par compagnie, moyennant 50 francs par homme. Quoiqu'une condition imposée par Sa Majesté fût que les officiers n'eussent pas plus de trente-cinq ans, on ne s'y arrêta pas beaucoup. Toutes ces compagnies étaient surnuméraires dans leurs régiments. Elles furent en très-bon état pour la campagne de 1691 (1).

(1) Le P. DANIEL, *Histoire de la milice française.*

Toutes les compagnies de carabiniers, réunies sous le commandement du marquis de Montfort, mestre de camp de Royal-Roussillon, se distinguèrent à Neerwinden (1), où leur héroïque valeur détermina le succès de la journée. M. de Montfort fut tué en chargeant à leur tête (2).

C'est alors que, par ordonnance du 1ᵉʳ novembre 1693, le Roi rassembla en un seul régiment, sous le nom de *Royal-Carabiniers,* toutes ces compagnies, excepté celles des régiments allemands. Les cent compagnies françaises furent divisées en cinq brigades de quatre escadrons chacune, chaque escadron de cinq compagnies. Chaque brigade, commandée par un mestre de camp, avait un lieutenant-colonel, un major et un aide-major. Les cinq mestres de camp avaient le titre de chef de brigade. Le Roi choisit monseigneur LE DUC DU MAINE (3) pour commander ce corps, auquel il donna lui–même, par écrit, des instructions que nous empruntons à l'ouvrage déjà cité du P. Daniel (4).

Le régiment des carabiniers du Roy est composé de cent compagnies de carabiniers de trente maîtres chacune, faisant

(1) Le capitaine DE LA HOUSSAYE et le lieutenant JOACHIM , chevalier, seigneur DE SAINT-HILAIRE, furent tués dans cette journée. (*L'Impôt du sang,* par J.-F. D'HOZIER, publié par Louis Pâris.)

(2) Général SUSANE, *Histoire de la cavalerie française.*

(3) Le DUC DU MAINE, fils de Louis XIV et de Mᵐᵒ de Montespan, né le 31 mars 1670, légitimé le 29 décembre 1673, avait été pourvu en 1674 de la charge de colonel général des Suisses et des Grisons.

(4) *Intentions du Roy sur ce qui regarde son régiment des carabiniers, contenues dans un écrit fait à la création du régiment de 1693.*

en tout trois mille carabiniers et quatre cent onze officiers, y compris le mestre de camp en chef, les cinq mestres de camp sous lui, les cinq lieutenans-colonels, les cinq majors et les cinq ayde-majors.

Ils feront vingt escadrons de cinq compagnies chacun, dont il y en aura deux de vieux régimens et trois de nouveaux.

Le mestre de camp en chef aura l'inspection sur tout le régiment, et les autres l'auront seulement chacun sur vingt compagnies faisant quatre escadrons ; et cela par police et pour la commodité du service, car ils auront aussi autorité sur tout également, selon leurs emplois et leur ancienneté, aussi bien que les lieutenans-colonels, les majors et les ayde-majors.

Quand on séparera le régiment dans différentes armées, on mettra toujours un mestre de camp pour commander les différents corps et les autres officiers de l'état-major à proportion.

Le service se fera comme les carabiniers l'ont fait jusqu'à présent, tant pour les gardes que pour les détachemens.

Les compagnies seront entretenues par tous les régimens de cavalerie français, qui fourniront les recrues nécessaires à tour de rôle, tant pour les officiers que pour les cavaliers, à moins que le Roy n'en ordonnât autrement.

Le régiment sera habillé de bleu doublé de rouge, les cavaliers d'un bon drap tout uni, et les officiers de même, à la réserve des boutons d'argent sur les manches, et aux colets des manteaux qui seront bleus comme ceux des cavaliers. Le chapeau sera bordé d'argent d'un galon plus léger que celui des cavaliers.

Les housses des cavaliers seront bleues, toutes unies, bordées d'un galon de soye blanche, les bourses des pistolets de même, leur ceinturon de buffle avec un bord de cuir blanc et la bandoulière de même, les gants blancs et des cravattes noires. Les officiers en auront aussi, excepté que ce qui est blanc au cavalier ils l'auront d'argent.

Les têtières des chevaux propres et toutes unies, des bossettes dorées toutes unies aussi, des épées de même longueur et largeur, des carabines rayées pareilles, et tout ce qu'il faut pour les charger : observant d'avoir des balles de deux calibres, les unes pour entrer à force avec le marteau, et la baguette de fer, et les autres, plus petites, pour recharger plus promptement si l'on en a besoin.

Les pistolets les meilleurs que l'on pourra et de quinze pouces de longueur.

Les chevaux tous de même taille, à longue queue, et l'ayant retroussée de même sans ruban ni trousse-queue.

A chaque quatre escadrons, il y aura un timbalier à la compagnie mestre de camp, qui sera habillé des livrées du Roy, sans or ni argent, aussi bien que toutes les trompettes de toutes les compagnies.

Les tentes seront pareilles, avec du bleu sur leur faîte.

Il y aura, à chaque quatre escadrons, un aumônier à qui on donnera une chapelle et un chirurgien.

On aura grand soin de n'avoir que de bons chevaux, pour que la troupe soit toujours bien en état d'entreprendre ce qu'on lui ordonnera.

Le mestre de camp en chef et les autres mestres du camp sous lui tiendront la main qu'il n'y ait aucun officier mal monté et qui ne soit sur un cheval de bonne taille.

Les officiers auront le moins de bagage qu'il leur sera possible, rien que des chevaux de bâts ou des mulets, et point du tout de chariots, de charrettes ni de surtouts.

On fera les détachemens par chambrée, de manière que le cavalier qui sera commandé, ne porte que ce qui lui sera nécessaire et laisse les autres hardes à ceux de sa chambrée qui demeureront au corps du régiment.

Les compagnies, sans avoir égard aux régimens dont elles sortent, prendront leur rang de l'ancienneté de leur capitaine, à la réserve de celles des mestres de camp et des lieutenans-colonels. S'il y a des commissions du même jour et des rangs incertains, on entendra les raisons de chacun, qui se débiteront sans aigreur ni dispute, pour en rendre compte au Roy, afin qu'il décide promptement.

L'intention du Roy est que ce régiment ne fasse jamais

de difficultés en tout ce qui regardera le service, et que la discipline y soit observée fort régulièrement : il ne doit point de gardes.

Il faut deux étendarts par escadron, avec une devise bien choisie, qui ait un soleil pour corps, d'un côté, et, de l'autre, des fleurs de lys parsemées, comme la plupart des régimens du Roy.

Pour se servir des carabiniers à pied, quand le besoin s'en présente, il faut qu'ils aient des bottes de basse tige, mais de cuir fort, avec une petite genouillère échancrée à la mousquetaire et de petits dessus d'éperons.

Quand les mestres de camp de cavalerie, à qui ce sera à fournir les recrues, n'auront pas envoïé de bons sujets, on les leur renverra à leurs frais et dépens, et ils seront obligés d'en redonner d'autres, quand même il mésarriverait desdits cavaliers.

Les mestres de camp auront 1000 livres de pension. Les lieutenans-colonels auront 800 livres de pension. Les majors auront 600 livres de pension. Les autres officiers demeureront comme ils sont déjà.

Les carabines rayées auront trente pouces de canon.

Les épées auront trente-trois pouces de lame.

Il sera permis aux officiers subalternes d'avoir de petites carabines, pourvu qu'elles soient bonnes.

Les vestes des habits uniformes des officiers seront de drap rouge bordées d'argent, avec des boutons et des boutonnières d'argent et un galon d'argent pareil à celui du juste-au-corps sur l'amadis.

Les officiers auront tous des plumets blancs. Le Roy permet que le maréchal qu'il faut par compagnie soit pris hors de la cavalerie.

Bien que le régiment eût le titre de Royal (le Roi en était le chef, le DUC DU MAINE n'étant que le mestre de camp lieutenant-commandant), il ne marcha pas à sa place après les régiments royaux ses aînés. Comme il appartenait au duc du Maine, le fils légitimé de madame de Montespan, Louis XIV, esclave de l'étiquette, ordonna que le corps ne marcherait qu'après les régiments de la reine et des princes du sang. Royal-Carabiniers prit donc le dix-huitième rang dans la cavalerie, après Berry et avant Orléans. Le corps des carabiniers, malgré son nom et malgré le rang qu'il occupait au milieu des régiments de cavalerie légère, n'était du reste pas un régiment dans le sens strictement défini que ce mot comporte aujourd'hui. C'était plutôt une division de cavalerie composée de cinq régiments dont l'effectif s'est élevé jusqu'à quatre mille hommes et n'est jamais descendu au-dessous de quinze cents (1).

L'organisation du régiment était complétement terminée au commencement de l'année 1694. Le Roi le passa en revue à Compiègne au mois de mars de cette année, et, dit le P. Daniel, Sa Majesté en fut contente.

Le duc du Maine prit pour sa compagnie mestre de camp celle qui avait été tirée de son régiment du Maine, et elle fut attachée à la première brigade. Les brigades changeant de numéro avec l'ancienneté ou la dignité de ceux qui les commandaient, la compagnie mestre de camp changeait en même temps de brigade, de façon à être toujours attachée à la première.

Les carabiniers étaient généralement détachés aux différentes armées. Les cinq brigades ne furent presque jamais réunies dans la même campagne, tant chaque chef d'armée avait grand désir de posséder avec lui quelque partie de ce corps d'élite.

---

(1) Général SUSANE, *Histoire de la cavalerie.*

CHAPITRE II.

La première campagne des carabiniers fut celle de 1694. Les deux premières brigades étaient à l'armée de Flandre, où elles demeurèrent jusqu'à la fin de la guerre. La brigade DU ROZEL (1), détachée contre un parti ennemi qui fourrageait aux environs de Liége, le mit en déroute en lui tuant cent hommes et en lui enlevant trois cents chevaux (2).

Les trois dernières brigades (3) étaient avec le DUC DE NOAILLES en Roussillon, et elles débutèrent sur ce terrain de la manière la plus brillante à la prise de Pala-

(1) François, chevalier, puis commandeur DU ROZEL DE CAGNY, fut créé brigadier des armées du roi le 3 janvier 1696, et maréchal de camp le 29 janvier 1702. Il obtint le grade de lieutenant général le 26 octobre 1704, et mourut au mois d'avril 1716. (Le chevalier DE COURCELLES, *Dictionnaire historique des généraux français.*)

(2) Le chevalier DE MONTGON, capitaine au corps des carabiniers, fut tué devant Bruxelles, d'un coup de canon, le 12 août 1695. (*L'Impôt du sang.*)

(3) La 3ᵉ brigade était commandée par le marquis DE CARVOISIN D'ACHY, qui fut nommé maréchal de camp par brevet du 26 octobre 1704. Il mourut le 29 novembre 1718, à l'âge de quatre-vingt-quatre ans. Il avait quitté le commandement de sa brigade en 1702 et avait été remplacé par son lieutenant-colonel, M. LE BLANC DE CLOYS, qui fut fait brigadier en 1704 et maréchal de camp en 1718. (Le chevalier DE COURCELLES.)

mos, ainsi qu'à celles de Girone, Ostalrick, Castelpollit, et surtout à la bataille du Ter. Passant la rivière à gué, sous le feu de trois bataillons espagnols retranchés sur l'autre rive, elles se jettent, à la suite du marquis DE CHAZERON, sur l'ennemi, le mettent en fuite, facilitent le passage de l'armée, et, s'élançant alors sur l'infanterie espagnole, la refoulent, rencontrent sept escadrons, les culbutent et prennent leur général (1). En 1696, ces mêmes brigades contribuent à la défaite du prince de Darmstadt près d'Ostalrick (2).

Cette même année, parurent de nouvelles instructions du Roi pour les carabiniers. Il semblerait, en les lisant, qu'elles auraient été amenées par quelques différends qui se seraient produits entre les carabiniers et les autres troupes, soit que ces dernières eussent été froissées des prérogatives attribuées à ce corps d'élite, soit encore que ces prérogatives eussent porté à quelque abus de primauté ceux-là même qui en étaient l'objet. C'est à ce point de vue qu'il me semble intéressant de citer ici ce règlement (3).

Les règles des carabiniers sont différentes en beaucoup de choses de celles du reste de la cavalerie : leur unique principe est en tout uniquement le bien du service, sans avoir égard à rien de particulier. C'est là le premier mobile, et il

(1) Le chevalier DE COURCELLES, qui commandait une brigade, se distingua tout particulièrement dans cette affaire, pour laquelle il reçut la croix de Saint-Louis. (*Histoire de l'ordre militaire de Saint-Louis,* par A. MAZAS, terminée par THÉODORE ANNE.)

(2) Le général SUSANE, *Histoire de la cavalerie.*

(3) Ce règlement suit, dans l'ouvrage du père DANIEL, l'instruction précédemment citée et est intitulé : *Autres Règlements faits en l'année* 1696.

est tout singulier pour ce corps qui a été créé dans cet esprit. Il faut que dans les armées ils n'aient qu'un commandant et qu'un même major fasse le gros du détail.

Naturellement, les carabiniers ne doivent point rouler avec la cavalerie pour les fatigues; cependant, après avoir représenté bien doucement et honnêtement leurs droits et leurs intérêts, ils doivent faire sans réplique tout ce qu'on demande d'eux.

Soit qu'on les emploie à pied ou à cheval, il faut toujours une même proportion d'officiers, étant ce qui doit soutenir la réputation du corps, observant tant qu'il se peut de fournir un capitaine avec quarante carabiniers.

Les cinq brigades ne forment qu'un régiment pour le rang dans la cavalerie et pour les premiers capitaines, qui peuvent indifféremment parvenir par leur ancienneté aux lieutenances-colonelles. Car, dans tout le reste, les cinq brigades ont leur détail à part, et les officiers des unes, excepté le cas marqué cy-dessus, ne peuvent prétendre de monter ni de passer dans les autres. Les escadrons ayant été formés par le Roy pour les rendre égaux et point assortis par l'ancienneté des capitaines, il ne permet qu'ils soient changés qu'en cas que les commandans des escadrons viennent à manquer, auquel cas, l'ancien après lui remplira la place et de sa personne et de sa compagnie : cela apportera donc quelque changement dans les escadrons; mais, pour le réparer, ou observer le même esprit que le Roy a eu dans leur première fondation, c'est-à-dire de les composer tant qu'on pourra de deux compagnies de vieux régimens et de trois nouveaux, et l'on évitera les mouvemens dans la brigade le plus qu'il sera possible.

Le Roy veut que les cornettes des carabiniers aient passé par la lieutenance avant que de monter aux compagnies.

Quand il y aura plusieurs troupes de carabiniers détachées ensemble, elles prendront entre elles le rang de brigades, sans avoir égard à l'ancienneté des capitaines qui les commanderont, qui ne pourront cependant quitter leurs troupes qu'en cas que, par des accidens imprévus, ils ne vinssent à commander le tout en chef par leur ancienneté.

Quoique tous les officiers des carabiniers soient bons, ils ne doivent pourtant être ni fâchés ni surpris quand les généraux ne les feront point marcher à tour de rôle, quand ce sera pour aller en parti.

Tous les officiers généralement de ce corps marcheront avec autant et aussi peu de gens, aussi souvent et aussi rarement qu'il plaira aux généraux : cependant, à moins d'autres ordres plus particuliers, il sera observé dans ce corps de faire marcher un lieutenant-colonel, du moment que le détachement sera de cent cinquante carabiniers et au delà jusqu'à trois et quatre cents, au-dessus duquel nombre on donnera un chef de brigade, à moins que quelque raison, par rapport au détail de la cavalerie, ou de celui auquel le général voudrait laisser le commandement du parti, n'en empêchât.

Quand il y aura six cents carabiniers dans un détachement, et qu'on ne voudra point un chef de brigade pour les commander, on enverra deux lieutenans-colonels et toujours un major, comme si le chef de brigade marchait.

Dans les carabiniers, les majors marcheront à tour de rôle, et non point comme dans la cavalerie avec leurs mestres de camp, tous les carabiniers ne faisant qu'un régiment, et n'étant pas à propos qu'à moins d'un hasard, le major et le chef de brigade s'absentent en même temps.

Comme le maréchal des logis de la cavalerie demande d'ordinaire, pour aller dehors, cinquante carabiniers, quoiqu'on ait marqué ailleurs qu'il serait à souhaiter qu'il y eût un capitaine pour quarante maîtres, on n'enverra pourtant alors qu'un capitaine, mais on observera d'y mettre le double de subalternes, à la réserve du maréchal des logis, qu'il ne sera pas nécessaire de doubler si l'on ne veut.

Quand les détachemens ne seront commandés que par un lieutenant-colonel, on enverra avec lui un ayde-major aussi à son tour de rôle.

Quand il marchera un major, il aura un ayde-major avec lui pour faciliter le détail.

Le major faisant tout le détail des carabiniers comme major de brigade ne roulera point avec les autres.

Quand il n'y aura dans une armée que deux brigades de carabiniers, un des majors étant major de brigade, l'autre ne marchera que quand on le lui dira plus particulièrement.

On ne fera point aux carabiniers de châtimens ignominieux, que quand on voudra les chasser après : il faut pourtant les tenir dans une discipline bien grande et bien exacte.

En 1697, trois brigades se trouvent au siége de Barcelone et combattent à San-Felice, où fut battu Velasco, vice-roi de Catalogne.

En 1698, après la paix de Riswyck, le Roi réforma soixante compagnies de carabiniers, sans diminuer le nombre des brigades ni leur état-major; elles furent seulement réduites chacune à huit compagnies, qui formèrent deux escadrons.

Cette même année, les cinq brigades se trouvèrent réunies au camp établi à Coudun, près de Compiègne, sous le commandement du maréchal DE BOUFFLERS. Au retour de ce camp, les compagnies furent réduites encore à vingt carabiniers. Elles ne furent plus recrutées, comme elles l'avaient été, chacune par les régiments dont elles sortaient; mais tous les régiments fournirent désormais, chacun à tour de rôle, le contingent nécessaire au corps.

Au commencement de la guerre d'Espagne, les cinq brigades, dont les compagnies furent remises à trente maîtres, occupent Bruxelles. En 1702, trois brigades restent en Flandre, lesquelles, après avoir pris part aux combats de Nimègue et d'Eckeren, passent en 1704 à l'armée d'Allemagne. Les deux autres brigades se distinguèrent en Italie au siége d'Asti (1705) et à la bataille de Turin (1707) (1). En 1708, les cinq brigades furent réunies au siége de Lille.

Les carabiniers combattent ensuite à Malplaquet sous les ordres de Villars, qui fut blessé en chargeant à leur tête. Ils étaient encore sous lui à Denain, puis aux prises de Douai, du Quesnoy et de Bouchain, ainsi que pendant la campagne de 1713 sur le Rhin.

Les carabiniers sont au camp de la Saône en 1714. Nous les y retrouvons en 1727, puis au camp d'Aimeries-sur-Sambre en 1732.

En 1733, quatre brigades partent pour l'armée d'Italie. La cinquième, la brigade LAMOTTE, est envoyée sur le Rhin. En 1734, le corps était réuni et se distinguait d'une façon remarquable aux batailles de Parme et de Guastalla.

A cette bataille de Guastalla, les impériaux voulurent couper les ponts que nous avions sur le Pô et attaquer notre flanc. Ils firent embarquer dans vingt-cinq grands bateaux de nombreuses compagnies de grenadiers. Cinq cents carabiniers mirent aussitôt pied à terre, coururent au bord du fleuve et firent un feu nourri. Cependant les grenadiers ennemis voulurent, au milieu des balles, commencer la destruction des ponts. Les carabiniers coururent alors à eux, se jetèrent dans le fleuve, s'accrochèrent aux bateaux, les coulèrent et forcèrent enfin les impériaux à renoncer à leur entreprise. Ce trait décida du gain de la journée;

(1) Le capitaine DE MOUCHY eut l'épaule cassée à la bataille de Turin. (*L'Impôt du sang.*)

aussi le roi de Sardaigne criait-il après la bataille :
« Vivent les carabiniers ! » et le général en chef disait :
« Je ferai, tant que je vivrai, l'éloge des carabiniers
et de leur chef, M. DE VALCOURT (1). » Les chefs de
brigade LA MOTTE et PARABÈRE furent blessés dans cette
glorieuse affaire, à la suite de laquelle le fusil des
carabiniers fut armé de la baïonnette.

Après avoir pris part à l'expédition dirigée sur
Trente, les carabiniers rentrent en France et sont établis dans le Languedoc, à Revel, Castelnaudary, Castres, Langogne et le Vigan.

Par commission du 3 mai 1736 (2), le Roi, sur la
démission du DUC DU MAINE, donna le régiment royal
des carabiniers au fils de celui-ci, le PRINCE DE DOMBES.
Le régiment recula alors au douzième rang, après
Royal-Allemand et avant Royal-Pologne.

En 1740, les carabiniers sont en Alsace, les deux
premières brigades à Strasbourg, la troisième à Wis-
sembourg, la quatrième à Landau, la cinquième à
Lauterbourg.

Royal-Carabiniers est alors composé de :

Cent vingt et un officiers en pied, de cinq brigades de
deux escadrons chacune, faisant dix escadrons de quarante
compagnies à huit par brigade, de quarante maréchaux des
logis et de mille carabiniers, compris quatre-vingts brigadiers, quarante trompettes et cinq timbaliers, avec vingt
étendarts de soye bleue, soleil d'or semez de fleurs de lys
d'or et devise du Roy, NEC PLURIBUS IMPAR, brodés en or
et frangez d'or et d'argent, suivant les susdites ordonnances

____

(1) J. AMBERT, *Esquisses historiques de l'armée française.*
(2) Le duc DU MAINE mourut le 14 du même mois.

du Roi des 8 janvier et 28 février 1737. Plus il y a un aumônier et cinq chirurgiens-majors à la suite du régiment.

L'uniforme est :

Habit, petit colet, manteau de drap bleu, doublure et paremens rouges, boutons d'étain façonnez de trois en trois sur
l'habit, un bordé d'argent fin sur les manches et sur les
épaulettes, bandoulière blanche bordée d'un galon de fil
blanc ainsi que le ceinturon, veste de bufle, culotte de peau
et chapeau bordé d'un large galon d'argent fin et cocarde
noire, l'équipage du cheval de drap bleu bordé d'argent
fin (1).

En 1741, les carabiniers font partie de l'armée de
Bohême et se distinguent, le 25 novembre, au siége
de Prague. Une partie des carabiniers met pied à terre,
escalade la muraille, s'empare de la porte de Newthor et fait entrer le reste du régiment dans la ville.
Au combat de Sahay, les chefs de brigade DE VICHY, DE
TALLEYRAND et DE CRÉQUY (2) se distinguèrent particulièrement. MM. DE VICHY et DE TALLEYRAND furent
blessés ainsi que six autres officiers.

Le 22 août 1742, à la sortie de Prague, les carabiniers étaient en tête avec le régiment d'infanterie de

---

(1) LEMAU DE LA JAISSE, *Septième abrégé de la Carte générale du
militaire de France sur terre et sur mer pour l'année* 1740.

(2) Le marquis DE CRÉQUY-MANERUE fut nommé mestre de camp
de la 3ᵉ brigade par commission du 6 avril 1735; brigadier par
brevet du 1ᵉʳ janvier 1740; commandeur de l'ordre de Saint-Louis
par provision du 15 mai 1743; maréchal de camp par brevet du
2 mai 1744; grand-croix de l'ordre de Saint-Louis par lettres du
23 avril 1745. Il se démit de sa brigade lorsqu'il fut nommé lieutenant général des armées du Roi par pouvoir du 10 mai 1748. (Le
chevalier DE COURCELLES, *Dictionnaire des généraux français*.)

Piémont et se prirent corps à corps avec l'ennemi qu'ils culbutèrent.

Le 13 février 1743, ils étaient à Spire, d'où ils rentraient en France pour prendre leurs quartiers à Vesoul.

Quelques mois après, ils assistent à la bataille de Dettinguen (1), et finissent la campagne en Basse-Alsace sous les ordres du maréchal de Noailles.

Après avoir passé l'hiver dans le Soissonnais, ils sont employés à l'armée du Roi en Flandre (1744). Ils assistent aux siéges de Menin et d'Ypres, passent au mois de juillet à l'armée commandée par le maréchal de Saxe et finissent la campagne au camp de Courtray.

Ils combattent à Fontenoy (9 mai 1745), où ils chargent avec la maison du roi la terrible colonne du duc de Cumberland. Celle-ci, après avoir causé d'épouvantables ravages dans les rangs de notre armée, venait d'être ébranlée par sept salves successives de quatre pièces commandées par M. de Saisseval et disposées d'après l'avis du duc de Richelieu. La brigade de la maison du Roi et les carabiniers saisirent ce moment pour charger l'ennemi en l'abordant de front; mais les carabiniers, ayant malheureusement pris pour des bataillons anglais les Irlandais à peu près vêtus de même, chargèrent ceux-ci avec furie, quoique les Irlandais criassent : *Vive France!* Malheureusement leurs voix se perdirent dans le tumulte, et il s'ensuivit un moment

____

(1) Le comte de Guiry, chevalier de Saint-Louis, lieutenant-colonel, fut blessé dans ce combat, ainsi qu'un autre officier du régiment, M. de Melleville. (*L'Impôt du sang.*)

de confusion, où quelques Irlandais périrent. L'effet de cette charge fut admirable. Le maréchal de Saxe avait ordonné que la cavalerie touchât les Anglais avec le poitrail des chevaux, et il fut bien obéi. La colonne anglaise fut foudroyée et disparut. Ce qui put s'en échapper passa les ravins dans le plus grand désordre, laissant le champ de bataille semé de morts et de blessés.

M. DE PUJOL, lieutenant-colonel d'une des brigades des carabiniers, fut tué. Le marquis DE GUIRY, chef de brigade, fut blessé, ainsi que le chevalier DE PINS-CAUCAILLÈRES, lieutenant.

Le régiment des carabiniers fut abîmé. Outre les officiers déjà cités, il y en eut six tués, huit blessés mortellement et dix blessés moins grièvement, entre autres MM. DE CHANTÉRAC, major; DE MALÉZIEU, capitaine; DE PRIMERAL; DE TOULOUSE-LAUTREC, lieutenant; DE LOMBRAIL, major; D'AYROUX, lieutenant; DE CAULDRAY DE SEURVILLE; DE LONGUEVAL, lieutenant; DE BEAUCHESNE, cornette; DE COMBAULT, lieutenant; DODART, lieutenant. Six maréchaux des logis furent tués et huit blessés; trois cent dix-huit carabiniers succombèrent et cent vingt-six furent blessés. Le baron DE LAUGIER-VILLARS, capitaine et chevalier de Saint-Louis, eut deux chevaux tués sous lui. Les carabiniers prirent dix-sept pièces de canon et reprirent dix autres pièces enlevées aux Français pendant la bataille (1).

Les carabiniers servent ensuite aux siéges des villes

____

(1) A. MAZAS, *Histoire de l'ordre militaire de Saint-Louis.*

et citadelles de Tournay, d'Oudenarde et de Dender-monde. En 1746, ils couvrent avec l'armée du Roi les siéges de Bruxelles, de Mons, de Charleroi, de Saint-Guilain et de Namur, et combattent à Raucoux. Après l'hiver, qu'ils passent de nouveau à Courtrai, nous les trouvons, en 1747, à Lawfeld, où deux escadrons en dispersent huit de dragons anglais. Le chef de brigade DE CRÉQUY y fut blessé. Devant Berg-op-Zoom, la même année, un carabinier nommé AUDE fit prisonnier le gé-néral en chef, comte Ligonnier. Celui-ci offrit à Aude, pour qu'il le laissât échapper, une forte somme que ce brave cavalier refusa. Il reçut du Roi, pour ce fait, un don de 50 louis, et plus tard une compagnie et une pension.

Après le siége de Maëstricht (1748), les carabiniers rentrèrent en France et prirent leurs quartiers à Châ-lons. Ils sont, en 1750, à Mouzon, Damvilliers, Cari-gnan, puis à Provins en 1751. C'est le 20 mai de cette année que parut l'ordonnance prescrivant que :

Les hommes tirés de la cavalerie, pour entrer dans les ca-rabiniers, seraient de la taille de cinq pieds quatre pouces au moins, âgés de vingt-cinq à quarante ans, non mariés, d'une figure et d'une tournure convenables, gens de valeur et de bonnes mœurs, ayant au moins deux ans de service et devant encore rester trois années sous les drapeaux (1).

En 1753, les carabiniers sont à Douai, en 1754 au camp d'Aimeries-sur-Sambre, puis à Provins. Ils étaient en 1756 à Metz lorsque, le 9 novembre de cette année, parut une nouvelle ordonnance qui faisait participer

(1) J. AMBERT, *Esquisses historiques de l'armée française.*

les officiers de cavalerie à l'avantage d'entrer dans le corps des carabiniers. L'officier, en venant de la cavalerie, occupait le même emploi dans les carabiniers; seulement, s'il était capitaine, il devait avoir cinq ans de grade, et trois s'il était lieutenant (1).

L'année suivante, les carabiniers reprennent la campagne. Pendant que les quatre premières brigades conquéraient le Hanovre à l'armée des maréchaux d'Estrée et de Richelieu, la cinquième, moins heureuse, était à Rosbach avec M. de Soubise.

(1) Uniforme : *Habit et doublure bleus, paremens et revers rouges, boutons blancs à coquille et dentelle, trois galons dont deux de laine aurore et un de fil blanc large dans le milieu.*

CHAPITRE III.

Le PRINCE DE DOMBES étant mort le 1ᵉʳ octobre 1755,
le commandement supérieur des carabiniers fut donné
le 13 mai 1758 au COMTE DE PROVENCE, second fils du
Dauphin. Le corps des carabiniers perdit alors le titre
de Royal pour celui de Carabiniers de M. le comte de
Provence. Il recula au vingt-deuxième rang entre Berry
et Artois. Il conserva ce rang jusqu'à la Révolution.

Le comte de Provence, né le 17 novembre 1755, n'a-
vait alors que trois ans et demi. Le grade de mestre de
camp, dont il était pourvu, ne pouvait donc être pour
lui qu'une distinction honorifique et pour le corps
qu'un titre d'honneur. Aussi créa-t-on un nouvel emploi de mestre de camp-lieutenant, qui fut donné au
COMTE DE GISORS, fils du maréchal de Belle-Isle, qui
recevait avec ce titre tous les droits et toutes les prérogatives attachés au commandement du corps.

Le COMTE DE GISORS ne devait pas conserver longtemps ce commandement. Le 23 janvier 1758, les carabiniers étaient à Crefeld, lorsque l'armée française
fut surprise dans son camp. Les carabiniers étaient d'a-

bord restés en réserve du côté de Stocka, où ils avaient
eu fort à souffrir du feu des Hanovriens. Quand ils reçurent l'ordre de charger pour sauver l'armée d'une
défaite imminente, leur élan fut admirable. « *Rien n'a
été aussi absurde et aussi courageux que la charge de ce
corps,* » dit le marquis de Voyer. Au retour de cette
charge, le comte DE GISORS reçut presque à bout por-
tant un coup de feu dans les reins; il en mourut trois
jours après. Il n'avait que vingt-sept ans. Les carabiniers eurent dans cette affaire treize officiers tués et
quarante-trois blessés, deux cent dix cavaliers tués et
cent quarante-cinq blessés. Le corps avait, en outre,
perdu cinq cent quarante-deux chevaux (1).

Le comte de TOULOUSE-LAUTREC se trouvait parmi les
blessés de cette sanglante journée. Il fut nommé chevalier
de Saint-Louis cette année même, distinction dont il était
bien digne, comme le prouvent ses états de service : lieutenant aux carabiniers en 1744, capitaine en 1758, mestre
de camp d'un régiment de son nom incorporé en 1761,
mestre de camp-lieutenant du régiment de Condé-cavalerie
en 1763, plus tard Condé-dragons; brigadier en 1770, maréchal de camp en 1780. — Blessé à Fontenoy d'un coup de
biscaïen au haut de la cuisse, qui lui a passé d'outre en
outre, et d'un autre à la mamelle droite. — Blessé de deux

(1) Camille ROUSSET, *le Comte de Gisors, étude historique.*

Louis-Marie FOUCQUET, comte de GISORS, prince du Saint-Empire,
chevalier de Saint-Louis, mestre de camp-lieutenant du régiment des
carabiniers, brigadier des armées du roi, gouverneur de Metz et du
pays messin, lieutenant général au gouvernement de Lorraine et
Barrois, mourut à Nuys le 26 juin 1758, des blessures qu'il reçut
à la bataille de Crevelt, où il combattit en héros. Parmi les officiers
blessés se trouvaient Claude FERRON, porte-enseigne, et le capitaine
DU BOSC. (*L'Impôt du sang.*)

coups de sabre à Lawfeld, l'un sur la tête et l'autre au bras gauche, et d'un coup de pistolet à la joue. — Blessé à Crevelt de quatre coups de feu, dont trois au bras droit et l'autre au bras gauche, et d'un coup de baïonnette. — Blessé, au détachement commandé par M. de Lutteaux, d'un coup de sabre au bras gauche. Foulé à Minden par la chute de son cheval, qui reçut plusieurs coups de feu, et l'escadron lui passa sur le corps (1).

Il se passa dans cette terrible affaire un fait digne d'être rapporté. Un jeune cornette de dix-huit ans, M. D'HELLIOUR, à la tête de quelques carabiniers qu'il rallia, traversa l'armée ennemie en passant sur le ventre des canonniers d'une batterie, erra pendant trois jours sur les derrières des troupes allemandes, et parvint à rallier le camp français, ramenant avec lui tous ses hommes, dont huit avaient été blessés, et un étendard. Le roi le fit chevalier de Saint-Louis, avec le grade de capitaine à la suite (2).

Par commission du 7 juillet, le MARQUIS DE POYANNE remplaça LE COMTE DE GISORS dans sa charge de mestre de camp-lieutenant-inspecteur des carabiniers. Au mois d'octobre, il fut envoyé avec deux mille hommes pour se porter sur Drentworth, et, ayant appris que le corps entier des chasseurs ennemis était à Herberen, il prit aussitôt ses dispositions pour l'attaquer. Ayant d'abord

(1) *Histoire de l'ordre militaire de Saint-Louis,* par A. MAZAS.

(2) Général SUSANE, *Histoire de la cavalerie française.*
Le même fait est raconté, presque dans les mêmes termes, dans l'ouvrage déjà cité de MM. MAZAS et ANNE, *Histoire de l'ordre militaire de Saint-Louis* (tome I, p. 468); seulement il est attribué à M. BULLIOUD, qui mourut à l'âge de vingt-deux ans. Le récit est emprunté à la *Gazette de France* du 22 juillet 1758.

forcé cent grenadiers et cent chasseurs retranchés dans
une ferme, où ils se défendaient vaillamment, il chassa
ensuite les ennemis d'Herberen après un combat d'une
heure et demie, tua deux cents hommes, fit prisonniers
cinq officiers et quatre-vingts grenadiers, et mit en
fuite la cavalerie ennemie. Le 1er août 1759, les carabiniers étaient à la bataille de Minden, où ils demeurèrent pendant quatre heures sous le feu de deux batteries allemandes. Ils y perdirent sept cents hommes et
soixante-neuf officiers (1). Le MARQUIS DE POYANNE fut
blessé d'un coup de feu et de plusieurs coups de sabre.
Il reçut aussi un coup de baïonnette et un coup de feu
à la bataille de Tadenhausen. En mai 1760, les carabiniers sont envoyés à l'armée du Bas-Rhin sous le maréchal de Broglie. Ils se distinguèrent aux combats de
Corback, les 10 juillet et 9 septembre, et à un fourrage
général commandé par le prince de Condé. En 1761, ils
continuent à servir sur le Rhin et contribuent aux suc-

(1) Parmi ceux-ci, nous citerons les suivants, dont les noms sont
pris dans les volumes parus de *l'Impôt du sang*. Tués : MM. DE CAN-
DALE, lieutenant; le vicomte DE DURFORT, mestre de camp-lieutenant de la 4e brigade; DE BOISMOREL, lieutenant; le chevalier DE
BOISSEUL, aide-major; DU BOTHIER, cornette; le marquis DE BOVET,
chef de la 3e brigade; DE LA MERIE, lieutenant. Blessés : MM. le
comte DE CHARDEBŒUF DE PRADEL, lieutenant-colonel; le chevalier DE
COMBAUD, capitaine aide-major; le chevalier DE FOISSE, lieutenant;
le comte DE DAMAS, lieutenant-colonel; le chevalier DE MERGEY,
lieutenant; ESTEVENIOT DE SALLANS, aide-major; le comte DE FOU-
CAUD DE LA BRESSE DE PONTBRIAND, major général; le comte DE SOI-
GNES, major; GUILLEMINOT, quartier-maître; le baron DE HEYMAN,
major; JOUMARD D'ARGENCE, lieutenant; le baron D'ARBAUCAVE, capitaine; D'AYROUX, capitaine; BERTRAND, cornette; DE BORSÉE, cornette; DE LA BROUE DE BORET, aide-major; DE LA BUSSIÈRE, lieutenant-colonel; DE MONTFORT, cornette.

cès des journées des 21 et 26 mars. Ils attaquèrent l'arrière-garde ennemie, qu'ils culbutèrent et à laquelle ils prirent un colonel de hussards, soixante hommes et quatre pièces de canon (1).

Par ordonnance du 21 décembre **1762**, le régiment des carabiniers est composé de :

Cinq brigades de deux escadrons chacune, l'escadron de trois compagnies, la compagnie de deux maréchaux des logis, un fourrier, quatre brigadiers, quatre appointés, quarante carabiniers et un trompette, faisant cinquante-deux maîtres, commandés par un capitaine, un lieutenant et un sous-lieutenant. — Les brigades ne sont plus désignées par le nom du mestre de camp qui les commande, mais par première, seconde, etc... Le premier mestre de camp-lieutenant commande la première, le second la deuxième, et ainsi de suite...

L'état-major du régiment comprend :

Un mestre de camp-lieutenant ayant compagnie, un major, un ayde-major, un trésorier, un quartier-maître. Il y a en guerre seulement deux aumôniers et deux chirurgiens.

L'état-major de chaque brigade comprend :

Un mestre de camp lieutenant et un lieutenant-colonel ayant compagnie, un ayde-major, un sous-ayde-major et deux porte-étendarts.

Leur uniforme est :

Habit de drap bleu; paremens, revers, collet et doublure rouges; poche ordinaire, garnie de trois boutons sans boutonnières; trois de même au parement, bordé d'un galon

(1) Le chevalier DE COURCELLES, *Dictionnaire des généraux français.*

d'argent; cinq au revers, avec boutonnières en petit galon,
et deux au-dessous, avec boutonnières de chaque côté (1).

A la paix les carabiniers furent établis à Saumur,
avec détachements dans les villes d'Angers, la Flèche
et Chinon. Leur réputation était devenue telle, non-
seulement pour la bravoure de ce corps dans les combats, mais aussi pour sa perfection dans l'équitation
et les manœuvres, que, pendant leur séjour à Saumur,
chaque régiment de cavalerie dut envoyer quelques
officiers, détachés auprès d'eux pour y parfaire leur
instruction militaire et en rapporter à leurs corps les
excellents principes. C'était l'école de cavalerie d'alors,
et nous y trouvons les premières origines de l'école de
Saumur.

Le séjour des carabiniers à Saumur fut l'époque
brillante de leur existence pacifique. Le général Ambert en a retracé les principaux traits dans ses esquisses,
d'où nous extrayons les passages suivants du récit plein
de verve et d'humour qui leur est consacré :

Vers le milieu du dix-huitième siècle, les habitants de la
ville de Saumur se divisaient en deux partis ennemis, les
molinistes et les jansénistes. Les femmes étaient jansénistes
et soutenaient vigoureusement, malgré Urbain VIII et Inno-
cent X, les cinq fameuses propositions. Mais voilà qu'un
beau matin les Saumuroises et les Saumurois oublient le
formulaire d'Alexandre VII et se précipitent aux bords de la
Loire, en mêlant aux mots grâce et prédestination le nom
des beaux et larges carabiniers. C'était en 1763. Une brigade
du corps des carabiniers arrivait à Saumur pour y tenir garnison; les cœurs battaient, car ce qui promet bonheur ou

____

(1) *État militaire de France pour l'année* 1765.

plaisir fait battre le cœur, et, dans ce temps-là, c'était déjà comme ça.....

La révocation de l'édit de Nantes avait fait tomber dans la misère la plus profonde tout le pays saumurois.

On se figure aisément l'effet que dut produire, dans une ville de sept à huit mille âmes, l'arrivée d'un corps d'officiers aussi nombreux, aussi bien composé que l'était celui des carabiniers. Les maris s'en alarmèrent, les dames prirent de sages résolutions, et, d'une voix unanime, décidèrent qu'elles ne recevraient pas ces *messieurs*. Mais ce genre de coquetterie que la nature met dans le cœur de toutes les femmes se développa rapidement à la vue de cette réunion d'hommes d'un si beau choix. Son premier effet fit naître le désir de plaire ; le second, le désir de la parure et des modes nouvelles. Pour voir et être vue, on courut à la messe militaire, qui se célébrait au son d'une musique charmante, tour à tour harmonieuse et guerrière. L'éventail, en servant la modestie, permit d'observer que ces carabiniers étaient très-bien de taille et de figure, que leur uniforme était un modèle de richesse et d'élégance, et qu'enfin il serait difficile de refuser d'admettre dans sa maison cette brillante jeunesse, dont le maintien noble annonçait à la fois la naissance et l'éducation.

Le lendemain, le corps des officiers fit des visites. Il fut reçu partout, et, au bout de quelques semaines, une heureuse union, qui a duré vingt-cinq ans, s'établit entre les militaires et les bourgeois.

Le jeu de paume de la Grande-Rue fut transformé en salle de spectacle ; il y eut des redoutes et des concerts publics, des assemblées particulières, des jeux de société. Les officiers firent venir des actrices de Paris, et, artistes comiques ou tragiques, les capitaines et lieutenants déposèrent leur épée pour le masque de Scapin ou le poignard de Brutus.

Les vieilles et les laides crièrent au scandale et se joignirent aux maris, déjà très-mécontents ; mais les jeunes femmes laissèrent gronder l'orage, et, pour les carabiniers, abandonnèrent les évêques et la Sorbonne.

Ce fut en 1768, pendant leur séjour à Saumur, que les carabiniers commencèrent la construction du beau quartier qui sert aujourd'hui à l'école de cavalerie. Une grande quantité de jeunes gens, appartenant aux premières familles de France, suivaient les cours de l'école d'équitation ; ils portaient le titre d'officiers à la suite du corps des carabiniers et en avaient l'uniforme. Ces jeunes gens logeaient chez les habitants de la ville, où ils répandaient l'or et l'argent.

En 1777, l'empereur d'Allemagne, Joseph II, visitait la France ; il fut frappé, en traversant Saumur, de la beauté du corps des carabiniers, et voulut le voir, à pied et à cheval, dans des tenues différentes.

On a parlé longtemps dans le pays du bal que les carabiniers donnèrent, le 1ᵉʳ février 1787, dans leur quartier même, et l'on parlera toujours de la part qu'ils prirent à la souscription ouverte pour la construction de la nouvelle salle de comédie.

Lorsque les carabiniers arrivèrent à Saumur, en 1763, la population de cette ville n'était que de sept mille cinq cents âmes, et, lors de leur départ, en 1788, elle s'élevait à plus de dix mille.

En 1767, le régiment des carabiniers fit partie du camp de Compiègne. Il fut cantonné près de Pont-Sainte-Maxence, où il arriva le 27 septembre. Le 5 août, il vint camper sous Compiègne. Il fit, le 8, l'exercice à pied devant Sa Majesté, et manœuvra, le 9, devant elle sous le commandement du MARQUIS DE POYANNE. Sa Majesté fit à celui-ci l'honneur de souper dans sa tente (1). Le Roi était accompagné du Dauphin, des comtes de Provence et d'Artois. La Reine, Mesdames et toute la cour étaient présentes à cette revue (2).

(1) *Gazette de France.*

(2) *Sermon prêché au camp des carabiniers de monseigneur le comte de Provence, campés devant Compiègne, sous le commandement de*

En 1773, les carabiniers furent envoyés à Metz, mais l'année suivante ils revinrent à Saumur. Cette année 1774, le roi Louis XV étant mort, le comte de Provence devenait le frère du roi. Le corps des carabiniers prit alors, par ordonnance du 20 mai 1774, le titre de *carabiniers de Monsieur*.

monsieur le marquis de Poyanne, passés en revue le 9 et le 10 août 1767 par le Roi, accompagné de monseigneur le Dauphin, de monseigneur le comte de Provence, colonel de la troupe, de monseigneur le comte d'Artois, en présence de la Reine, de Mesdames et de toute la cour, par M. l'abbé DE RUPT, *ancien aumônier.* (A Paris, de l'imp. de Chardon, 1767, in-8, 49 pages.)

CHAPITRE IV.

Depuis que nous avons vu les carabiniers établis à
Saumur, l'époque guerrière si brillante de leur existence est terminée, et la période toute pacifique dans
laquelle le corps est entré ne finira qu'avec le corps
lui-même. Pour le moment, nous sommes dans l'ère
des réformes en attendant que nous entrions dans celle
des révolutions. La plus grande part de ce chapitre revient aux nombreuses ordonnances qui apportèrent au
corps des carabiniers, pendant ces dernières années de
son existence, différents changements.

En 1775, l'état-major est à Saumur avec les 3ᵉ et
5ᵉ brigades. Les autres brigades sont : la 1ʳᵉ à la Flèche, le Lude, Vaas et Château-du-Loir ; la 2ᵉ à Vendôme et Montoire ; la 4ᵉ à Chinon.

Par ordonnance du 13 février 1776, les brigades furent supprimées et le régiment formé :

De huit escadrons, chacun d'une compagnie, laquelle est
commandée en tout temps par un lieutenant-colonel commandant d'escadrons, un capitaine en second, un lieutenant
en premier, un lieutenant en deuxième et un sous-lieutenant.

Elle est composée :

De deux maréchaux des logis, d'un fourrier, de huit brigadiers, de cent trente-deux carabiniers et de deux trompettes.

L'état-major est composé :

D'un mestre de camp lieutenant, d'un mestre de camp lieutenant commandant en second, d'un major, d'un aide-major, de quatre porte-étendarts, de deux adjudants, d'un trésorier chargé du détail, d'un aumônier, d'un chirurgien-major, d'un aide-chirurgien, d'un timbalier, d'un maréchal-expert, d'un armurier et d'un sellier (1).

Le régiment est alors réuni en entier à Saumur.

L'ordonnance du 8 avril 1779 compose le régiment :

De dix escadrons ou compagnies divisées en deux brigades.

Chaque brigade comprend :

Cinq escadrons ; les trois premiers ont à leur tête, l'un le mestre de camp commandant la brigade, l'autre le mestre de camp commandant en second, le troisième le lieutenant-colonel de ladite brigade ; les deux autres escadrons sont commandés chacun par un lieutenant-colonel commandant d'escadrons. Chaque escadron comprend un capitaine en premier, un capitaine en deuxième, un lieutenant en premier, un lieutenant en second, deux sous-lieutenants, un fourrier, quatre maréchaux des logis, huit brigadiers, cent quarante-un carabiniers, dont trente-six à pied, et deux trompettes.

Chaque brigade a son état-major composé :

D'un mestre de camp commandant, d'un mestre de camp commandant en second, d'un lieutenant-colonel, d'un aide-major, d'un quartier-maître, de cinq porte-étendarts, d'un

(1) *État militaire de France pour l'année* 1778.

adjudant, d'un aide-chirurgien-major, d'un maréchal-expert, d'un sellier.

L'état-major du corps est composé :

D'un mestre de camp lieutenant inspecteur, d'un major, d'un aide-major, d'un trésorier, d'un aumônier, d'un chirurgien-major et d'un timbalier (1).

En 1781, l'uniforme est ainsi composé :

Habit bleu à la françoise ; paremens, revers, collet et doublure rouges ; poche ordinaire garnie de trois boutons ; le parement bordé d'un galon d'argent ; sept boutonnières au revers en petit galon, et deux au-dessous ; un galon d'argent renfermant les boutonnières des revers ; boutons blancs empreints d'une fleur de lys ; chapeau bordé d'argent. Les habits des officiers sont brodés en paillettes en plein ; les fourriers et les maréchaux des logis ont en argent ce que les officiers ont en broderie.

L'état-major et la 2ᵉ brigade sont à Saumur. La 1ʳᵉ brigade est détachée : l'état-major et les 1ᵉʳ et 3ᵉ escadrons à Chinon, les 2ᵉ et 5ᵉ à Vendôme, le 4ᵉ à la Flèche (2).

Par ordonnance du 27 mai 1782, le roi créa dans chacune des compagnies du corps des carabiniers une place de troisième sous-lieutenant en pied, sans appointements, et fixa à quinze le nombre des sous-lieutenants attachés au corps (3).

Cette même année, les carabiniers reçurent de nou-

---

(1) *État militaire de France pour l'année* 1780.¹

(2) *État militaire de France pour l'année* 1781. L'uuiforme est désigné blanc dans cet état, par une erreur signalée dans l'état de l'année suivante.

(3) *État militaire de France pour l'année* 1783.

veaux étendards. Le soleil et la devise royale y furent remplacés par les armoiries de Monsieur surmontées d'un panache d'argent, avec cette devise : *Toujours au chemin de l'honneur* (1). A la distribution de ces nouveaux étendards, chaque officier reçut de la main de Monsieur une cocarde brodée par Madame, à laquelle sa santé n'avait pas permis d'assister à cette cérémonie (2).

En 1781, les carabiniers étaient réunis à Metz. Une ordonnance du 11 décembre de cette année supprimait le trésorier de ce corps, remplacé par un maître-trésorier ayant rang de lieutenant en premier et recevant 2,400 livres d'appointements. Les appointements des quartiers-maîtres de brigades et des porte-étendards sont augmentés et portés, pour les premiers, de 800 livres à 1,080, et pour les deuxièmes, de 720 livres à 910.

L'ordonnance du 3 septembre 1786, en ramenant la composition de l'escadron des carabiniers à celle des escadrons des autres régiments de cavalerie, supprimait l'emploi de lieutenant-colonel commandant d'escadron.

Nous retrouvons en 1787 les carabiniers en Anjou. L'état-major du corps est à Saumur avec la 1ʳᵉ brigade et les 4ᵉ et 5ᵉ escadrons de la 2ᵉ brigade, dont les trois premiers escadrons sont à Chinon.

Après avoir été au camp de Frascati près Metz, les carabiniers remplacèrent en 1788, à Lunéville, la gen-

(1) Général SUSANE, *Histoire de la cavalerie.*
(2) J. AMBERT, *Esquisses historiques de l'armée française.*

darmerie qui avait été licenciée. C'est là qu'ils reçurent la nouvelle organisation de l'ordonnance du 17 mars 1788.

Le corps représente désormais une brigade de cavalerie composée, ainsi que toutes celles des troupes à cheval, de deux régimens. Il est sous les ordres d'un seul et même chef, qui a le titre de colonel-lieutenant-inspecteur.

Chaque régiment est composé de quatre escadrons.

Le premier régiment est formé des premier, troisième, cinquième et septième escadrons ; le second, des deuxième, quatrième, sixième et huitième. Les régimens ainsi formés ne devaient plus changer de rang entre eux.

Chaque régiment a pour officiers supérieurs, un colonel, un lieutenant-colonel, un major, un major en second. A chaque régiment sont attachés quatre porte-étendarts à raison d'un par escadron, deux adjudans, un chirurgien-major, un maître maréchal, un maître sellier, un maître armurier éperonnier, un maître-tailleur, un maître bottier ; il y a pour tout le corps un quartier maître trésorier, un aumônier et un trompette-major,

L'escadron est, comme dans toutes les troupes à cheval, composé de deux compagnies sous l'autorité d'un chef d'escadrons.

Il est également établi un pied de paix et un pied de guerre. Le corps, sur le pied de paix, doit être de treize cent soixante-quatre hommes, dont cinquante-neuf à pied, et, sur le pied de guerre, de quinze cent soixante-douze, dont quinze cent treize montés (1).

Les carabiniers étaient encore à Lunéville en **1790**, lorsque l'Assemblée législative, préludant aux réformes de la révolution, supprimait les corps privilégiés et enlevait aux régiments, auxquels on ne laissait que des numéros, les noms et les titres sous lesquels ils avaient

(1) *État militaire de France pour l'année 1788.*

toujours combattu. Les carabiniers, menacés dans leur existence, envoyèrent à Paris le lieutenant-colonel du 1er régiment, M. DE ROSSEL, pour réclamer contre la suppression de cet illustre corps. L'article 8 du décret du 18 août 1790 faisait droit à cette juste réclamation en conservant l'*arme* des carabiniers. Le décret d'avril 1791 porte que les deux régiments de carabiniers formeront désormais deux corps séparés et prendront rang avant la cavalerie comme grenadiers des troupes à cheval. Le corps des carabiniers est remplacé désormais par les 1er et 2e régiments de carabiniers, qui en garderont les illustres traditions.

CHAPITRE V.

CAMPAGNES DE LA RÉVOLUTION ET DE L'EMPIRE. —
PREMIÈRE RESTAURATION. — CENT-JOURS.

Les carabiniers quittèrent en 1791 leur garnison de Lunéville pour venir s'établir à Strasbourg. Ils étaient forts chacun de quatre escadrons. Lorsque la guerre éclata, en 1792, ils étaient à Sedan, d'où ils furent envoyés à l'armée de la Moselle. Les escadrons de dépôt des deux régiments furent placés à Metz.

Les deux régiments formèrent toujours brigade ensemble pendant les guerres de la Révolution et de l'Empire.

Ils étaient à Valmy en 1792 (1). Pendant l'année 1793, ils assistèrent aux combats d'Arlon et de Wœrth (7 juin et 3 décembre), où ils se distinguèrent. Le colonel BAGET, du 1ᵉʳ carabiniers, fut blessé en chargeant à la tête de son régiment. Quinze jours après, il était nommé général de brigade (2).

(1) Par ordonnance du 6 mars 1792, chaque régiment de cavalerie doit fournir aux carabiniers six hommes ayant au moins cinq pieds quatre pouces et demi de taille.

(2) Le chevalier DE BAGET était chef d'escadron, depuis le 4 avril 1792, au 1ᵉʳ régiment de carabiniers, lorsqu'il fut fait adjudant général chef de brigade de ce régiment le 30 septembre de la même année ; général de brigade le 30 juillet 1793 ; inspecteur général des

Les carabiniers firent les campagnes de l'an IV et de l'an V à l'armée du Rhin et de la Moselle, de l'an VI aux armées de l'Ouest et de Mayence, de l'an VII aux armées de Mayence, du Danube et du Rhin, de l'an VIII et de l'an IX à l'armée du Rhin. Ils se distinguèrent au combat de Freising (2 septembre 1796), et principalement dans les opérations sur le Danube en 1800 (1).

Le 5 mai 1800, à Moëskirch, les carabiniers se montrèrent admirables, restant immobiles sous le feu terrible de vingt-cinq pièces de canon.

Le 19 juin, ils étaient à Hochstedt. Ils faisaient partie, pendant cette campagne, de la réserve de cavalerie attachée au corps Moreau et commandée par le général d'Hautpoul, dont les régiments se distinguèrent si brillamment dans cette journée. Le village de Schawaningen était défendu par nos troupes contre des forces ennemies bien supérieures par le nombre. Les nôtres allaient être forcés d'abandonner cette importante position, lorsque le général Lecourbe lança fort à propos contre l'ennemi la cavalerie du général d'Hautpoul. La charge fut si impétueuse que l'infanterie autrichienne

remontes en septembre 1797 ; commandeur de la Légion-d'Honneur le 14 juin 1813. (Chevalier DE COURCELLES, *Dictionnaire des généraux français.*)

(1) Pendant cette campagne, le 2ᵉ régiment était commandé par CAULAINCOURT, qui avait été nommé colonel après la bataille de Stockach (25 mars 1799), dans laquelle il s'était distingué. Il commanda le 2ᵉ carabiniers à Moëskirch, Neresheim et à l'affaire de Weinheim (2 novembre 1799), où il fut blessé de deux coups de feu. Général de brigade en 1803 ; en 1804 général de division, duc de Vicence, grand écuyer. (Chevalier DE COURCELLES, *Dictionnaire des généraux français.*)

fut entièrement culbutée et s'enfuit en désordre, laissant toute son artillerie et deux mille prisonniers. Vainement deux bataillons de Wurtemberg essayent de se former en carré ; les carabiniers pénètrent dans l'épaisseur de leur ligne et vont dans le centre enlever leur colonel et leur drapeau. On entendit, dit-on, pendant cette charge, l'infanterie française battre des mains et crier à plusieurs reprises : *Bravo, les carabiniers!* La cavalerie autrichienne tente d'arrêter l'élan de nos cavaliers : elle est ébranlée avant d'avoir pu combattre et repoussée dans le plus grand désordre (1).

Le 22, les carabiniers se distinguaient encore au passage du Danube.

Pendant cette campagne, une contribution de guerre avait frappé les habitants de l'évêché d'Eichstedt. Ces malheureux, hors d'état de l'acquitter, se virent enlever jusqu'aux vases sacrés de leur église. Le colonel Cocuois, du 1er régiment, touché de leur désespoir, et secondé par le chef d'escradons Faucher, le quartier-maître Gy, le capitaine Corne et le maréchal des logis chef Berger, s'efforça d'obtenir du général en chef la remise de la contribution. Ayant échoué dans leur noble entreprise, ces braves l'acquittèrent de leur propre argent. Le souvenir de cette belle action est consacré dans le pays par une messe solennelle que l'on célèbre tous les ans pour les carabiniers (2).

Ce trait trouve dignement sa place au milieu des exploits de ces braves régiments sur les champs de bataille.

A la paix, les carabiniers furent envoyés à Lunéville, où ils restèrent deux ans.

(1) A. Pascal, *Histoire de l'armée française.*
(2) J. Ambert, *Esquisses historiques de l'armée française.*

Depuis leur nouvelle organisation de 1791, ils avaient comme uniforme :

L'habit bleu national, les paremens et revers écarlates, le collet bleu, le bonnet d'oursin, la bandoulière et le ceinturon jaune bordés d'un galon blanc, la culotte de peau, le plastron en fer bronzé, les épaulettes galonnées d'argent.

L'équipage du cheval :

Selle à la française, housse bleue bordée d'un galon blanc, une grenade aux coins, les bossettes de la bride timbrées d'une grenade.

Ils avaient pour armes :

Une carabine, une paire de pistolets et un sabre (1).

En 1803, le 1ᵉʳ régiment de carabiniers reçut des détachements des 19ᵉ (ancien Royal-Champagne) et 20ᵉ (ancien Royal-Picardie) régiments de cavalerie licenciés (2).

En 1804, les carabiniers font partie du corps de cavalerie de la grande armée commandé par le prince Murat. Ils forment, sous les ordres du général Piston, la première brigade de la division Nansouty.

Le 21 octobre 1805, la brigade des carabiniers prend part au combat de Nördlingen.

Le 29, les carabiniers, ainsi que les chasseurs de la garde impériale, se distinguèrent dans un combat de cavalerie qui eut lieu aux environs de Nuremberg. Un trésor de 200,000 florins était tombé en leur pou-

(1) *État militaire de* 1802.
(2) Général Susane, *Histoire de la cavalerie.*

voir. Ils passèrent sans y toucher et continuèrent de poursuivre l'ennemi (1).

Ils sont le 2 décembre à Austerlitz. Il y eut une superbe et brillante charge de cavalerie, dit le prince Murat dans son rapport, dans laquelle les braves régiments de carabiniers soutinrent leur vieille réputation. Le chef d'escadrons CHOUARD, commandant le 1er régiment, fut blessé de plusieurs coups de sabre. Le 27 décembre il était nommé colonel du 2° cuirassiers. Le 1er régiment (colonel Cochois) eut deux tués et vingt-quatre blessés sur un effectif de deux cent cinq hommes; le 2° régiment (colonel Morin) eut, sur un effectif de cent quatre-vingt-un hommes, dix-sept blessés (2), parmi lesquels le chef d'escadron GRUMBLOT (3).

En 1806, ils passent au premier corps de cavalerie de la grande armée. En 1807 (4) et 1808 ils sont au corps de réserve de cavalerie de la grande armée (5),

(1) 10ᶜ et 11° *Bulletins de la grande armée.*

(2) A. PASCAL, *Histoire de l'armée.*

(3) *Bulletins de la grande armée.*

(4) En octobre 1807, conformément aux ordres de l'empereur, le général Clarke, ministre de la guerre, dut former une réserve de cavalerie, composée de régiments provisoires. Tous les régiments de cavalerie concoururent, par l'envoi de détachements, à ces nouvelles formations. Le 1er régiment provisoire de grosse cavalerie reçut cent vingt hommes de chacun des deux régiments de carabiniers. (*Correspondance militaire de* NAPOLÉON Ier, n° 949.)

(5) La réserve de cavalerie de la grande armée était commandée par le maréchal duc d'Istrie. Elle comprenait deux divisions de cavalerie légère, une division de dragons, une division de grosse cavalerie, une division de cuirassiers. Les 1er et 2° régiments de carabiniers formaient, sous les ordres du général DEFRANCE, la 1ʳᵉ brigade de la division de grosse cavalerie. (*Correspondance militaire de* NAPOLÉON Ier, n° 1115.)

en 1809 et 1810 (1) à l'armée du Rhin et au corps de réserve de l'armée d'Allemagne.

Pendant ces campagnes les carabiniers se distinguèrent à Friedland, à Eckmühl et à Wagram. Dans cette dernière bataille le duc d'Istrie, s'étant mis à la tête de la division Nansouty, à laquelle appartenaient les carabiniers, chargea les carrés autrichiens.

Les carabiniers firent en 1812 la campagne de Russie. Ils forment la première brigade de la quatrième division (général Defrance) du 2ᵉ corps de cavalerie (général Montbrun). A la Moskowa, la brigade des carabiniers, aux ordres des généraux Paultre et Chouard, charge en tête de la cavalerie, enfonçant tout ce qui osait lui résister. Le général Montbrun fut tué en conduisant cette charge (2).

Les carabiniers restent au 2ᵉ corps de cavalerie de la grande armée pour les campagnes de 1813 et de 1814.

Le première Restauration conserva les deux régiments de carabiniers en les réunissant sous le commandement du maréchal de camp COMTE D'ESCARS. On leur rendit alors leur ancien titre de corps des carabiniers de Monsieur.

Aux Cent-Jours, la brigade de carabiniers est à la

---

(1) En 1810, les carabiniers quittèrent le bonnet à poil pour le casque en cuivre à chenille rouge, le plastron pour la cuirasse jaune avec le soleil blanc. Leur grande tenue se composait de l'habit blanc, et la petite tenue de l'habit bleu de ciel. (A. PASCAL, *Histoire de l'armée.*)

(2) Relation de la campagne de Russie, par le commandant LABAUME.

division de réserve de cavalerie, commandée par Kellermann. Elle combat à Waterloo, où elle prend part à ces charges si brillantes et si meurtrières de notre cavalerie contre les carrés et les batteries de l'armée anglaise.

Ney avait d'abord lancé sur le plateau de la Haye-Sainte les cuirassiers de Milhaud, puis ceux de la division Wathier. Il avait voulu joindre à ces flots de cavaliers la division Kellermann. Celui-ci, plus prudent et se défiant du résultat, retint sa brigade pour s'en servir comme dernière ressource. La cavalerie légère de Lefebvre-Desnouettes, puis toute la cavalerie de la garde, avaient été lancées à leur tour par Ney contre cette muraille d'airain qu'il veut abattre.

« Au milieu de cet acharnement, Ney, apercevant la brigade des carabiniers que Kellermann avait tenue en réserve, court à elle, lui demande ce qu'elle fait, et, malgré Kellermann, s'en saisit et la conduit à l'ennemi. Elle ouvre de nouvelles brèches dans la seconde ligne de l'infanterie britannique, renverse plusieurs carrés, les sabre sous le feu de la première ligne, mais ruine aux trois quarts le second mur sans atteindre ni entamer le troisième. Ney s'obstine et ramène jusqu'à onze fois ses dix mille cavaliers au combat, tuant toujours, sans pouvoir venir à bout de la constance d'une infanterie qui, renversée un moment, se relève, se reforme et tire encore (1). »

(1) A. THIERS, *Waterloo.*

CHAPITRE VI.

LES CARABINIERS DE MONSIEUR (1815-1825).
— LES 1er ET 2e RÉGIMENTS DE CARABINIERS (1825-1866). —
UNIFORMES. — GARNISONS.

Sous la deuxième Restauration, deux ordonnances, des 16 juillet et 30 août 1815, constituèrent de nouveau les corps de cavalerie. Les deux régiments de carabiniers furent fondus en un seul sous le nom, qu'on leur rendit de nouveau, de carabiniers de Monsieur.

Ce régiment était à quatre escadrons.

Il avait comme uniforme :

L'habit blanc ; le collet, les parements et les pattes de parements cramoisis ; les boutons blancs ; le casque à la romaine, avec crinière et chenille.

Les carabiniers sont à Metz pendant les années 1819, 1820 (1), 1821 ; à Châteaudun en 1822 ; à Saumur en 1823 et 1824 ; en 1825 à Lunéville.

Par l'ordonnance du 27 février 1825, un deuxième régiment est formé de détachements provenant de tous les corps de grosse cavalerie. Ces deux régiments étaient à six escadrons.

(1) La force du corps était, en 1820, de trois cents hommes. (Général BARDIN, *Dictionnaire de l'armée de terre.*)

4

Leur uniforme était ainsi composé :

Pour les deux régiments :

Habit bleu céleste, boutons blancs, cuirasse dorée, casque avec chenille rouge.

Pour le premier régiment :

Collet, passe-poil des parements, fond des pattes de parements, retroussis, passe-poils figurant les poches, cramoisis.

Pour le deuxième régiment :

Passe-poil du collet des parements et des poches, retroussis, cramoisis.

Pendant les années 1826, 1827, 1828 (1) et 1829, le premier régiment est à Metz et le deuxième à Pont-à-Mousson. En 1830, le 1er régiment est à Arras, le 2e à Cambrai. Les deux régiments sont réunis à Versailles en 1831. L'ordonnance du 19 février rangeait dans la cavalerie de réserve les deux régiments de carabiniers.

Leur uniforme est alors ainsi composé :

Pour les deux régiments :

Habit bleu céleste, boutons blancs à grenade et à numéro, buffleterie jaune avec piqûre blanche, casque en cuivre avec chenille rouge, cuirasse en cuivre.

Pour le premier régiment :

Parements, retroussis, passe-poils du collet et brides

______

(1) En 1828, la force des deux régiments, officiers non compris, était, sur pied de paix, de mille trois cent vingt-deux hommes ; elle devait être, sur pied de guerre, de mille sept cent seize hommes. Leurs officiers devaient être en tout temps au nombre de cent deux. (Général BARDIN, *Dictionnaire de l'armée.*)

d'épaulettes bleu céleste ; collet, passe-poil des parements, pattes de parements, passe-poil figurant les poches et ornements des retroussis, garance ; pantalon garance avec passe-poil bleu céleste et fausses bottes, épaulettes écarlates.

Pour le deuxième régiment :

Collet, pattes de parements, retroussis et brides d'épaulettes bleu céleste... Le reste comme dans le 1er régiment.

En 1832, le 1er régiment est à Paris, le 2e à Versailles.

En 1833 et 1834, le 1er régiment est à Versailles et le 2e à Paris.

En 1834, les deux régiments sont envoyés au camp d'instruction établi au mois de septembre à Compiègne, sous le commandement supérieur du duc d'Orléans. La division de cavalerie, dont les carabiniers faisaient partie, était commandée par le général Blanquart et comprenait : les 2e et 3e régiments de dragons, formant la 1re brigade, commandée par le maréchal de camp de Grouchy ; les 1er et 2e régiments de carabiniers, formant la 2e brigade, sous les ordres du général Marbot (1).

En 1835, le 1er régiment est à Compiègne, le 2e à Melun.

En 1836 et 1837, le 1er est à Verdun, le 2e à Lunéville.

En 1836, les deux régiments furent de nouveau envoyés au camp établi sous Compiègne et commandé par le duc d'Orléans. Les carabiniers faisaient par-

____

(1) SPECTATEUR MILITAIRE, tome XVIII, pp. 614-636. *Notice sur les camps de Compiègne, et particulièrement sur celui de 1834.*

tie de la division de cavalerie commandée par le lieutenant général Blanquart et comprenant trois brigades :

1re brigade. Comte de MORNAY, maréchal de camp, commandant.

> 4e régiment de chasseurs.
> 8e régiment de chasseurs.
> 5e régiment de hussards.

2e brigade. Duc de NEMOURS, commandant.

> 1er régiment de dragons.
> 3e régiment de dragons.
> 3e régiment de lanciers.

3e brigade. Baron MARBOT, maréchal de camp, commandant.

> 1er régiment de carabiniers.
> 2e régiment de carabiniers.
> 5e régiment de cuirassiers.

Les régiments étaient tous à trois escadrons.

Le Roi passa la revue des troupes le 28 septembre, et visita le 29 le camp, qui fut levé le 5 octobre (1).

En 1838, le 1er régiment est à Lunéville, à Toul en 1839 et 1840. Pendant ces trois années, le 2e régiment est à Nancy. En 1841 et 1842, le 1er régiment est à Cambrai, le 2e à Sedan et à Beauvais. En 1843 et 1844, le 1er régiment est à Beauvais, le 2e à Beauvais, puis à Rambouillet. En 1846 et 1847, le 1er régiment est à Provins, le 2e à Rambouillet et au Mans.

(1) *Journal manuscrit de Léré.*

Leur uniforme est alors ainsi composé :

Pour les deux régiments :

Habit bleu céleste sans revers, boutons blancs à grenade et à numéro, épaulettes écarlates, pantalon garance avec passe-poil bleu céleste, buffleterie jaune avec piqûre blanche, casque en cuivre avec chenille rouge, cuirasse en cuivre.

Pour le premier régiment :

Parements, retroussis, passe-poil du collet et brides d'épaulettes bleu céleste ; collet, passepoil des parements, pattes des parements, passe-poil des retroussis et des brides d'épaulettes, passepoil figurant les poches et les ornements des retroussis, garance.

Pour le deuxième régiment :

Collet, pattes des parements, retroussis et brides d'épaulettes bleu céleste ; parements, passe-poil du collet, des devants figurant les poches, des retroussis et des brides d'épaulettes, ornements des retroussis, garance.

En 1848, le 1ᵉʳ régiment est à Fontainebleau, le 2ᵉ à Vendôme. Ils furent appelés de leurs garnisons à Paris au mois de juin de cette année, et prirent part aux journées des 25 et 26 contre les insurgés.

Les deux régiments furent réunis à Versailles en 1850. Ils y restèrent jusqu'en 1862. Ils furent alors envoyés à Lunéville, les escadrons de dépôt à Toul et. Épinal. En 1864 et 1865, le 1ᵉʳ régiment est à Tours, le 2ᵉ à Vendôme. Ils étaient dans ces garnisons, lorsque parut le décret qui réunissait les deux régiments pour n'en former qu'un seul qui devait faire partie de la garde impériale.

CHAPITRE VII.

LE RÉGIMENT DES CARABINIERS DE LA GARDE IMPÉRIALE. — UNIFORME. — GARNISONS. — CAMPAGNE DE 1870-1871 : ARMÉE DU RHIN ; ESCADRONS DE MARCHE AUX ARMÉES DE PARIS, DE LA LOIRE ET DE L'EST. — LES CARABINIERS SONT SUPPRIMÉS.

(1866-1871.)

A partir du 1ᵉʳ janvier 1866, et en vertu du décret du 15 novembre 1865, les carabiniers, réduits à un seul régiment, entrèrent dans la garde impériale, dont ils prirent la gauche.

Leur uniforme était :

Capote-tunique en drap bleu de ciel ; collet, pattes de parements et doublure de la jupe, écarlates ; boutons blancs à aigle ; épaulettes et aiguillettes en cuivre écarlate, pantalon de grande tenue en croisé de laine blanc mat, demi-collant ; pantalons d'ordonnance et de cheval en drap garance ; passepoils bleu de ciel ; manteau en drap garance ; casque en cuivre jaune, avec chenille en crin écarlate ; buffleterie jaune ; bottes de grande tenue à hautes tiges raides, avec éperons à la chevalière ; bottes de petite tenue du modèle général ; cuirasse recouverte en cuivre, soleil en métal blanc sur le devant.

Le régiment est formé, à Melun, à huit escadrons. Il fait partie du camp de Châlons, où est réunie toute la cavalerie de la garde. Au retour, il est remis à six escadrons. Un escadron complet, avec ses cadres, est versé aux Dragons de l'impératrice.

Le régiment quitte Melun le 1ᵉʳ octobre 1867 pour aller à Paris. Le 1ᵉʳ avril 1868, il part pour Saint-Germain, qu'il quitte le 1ᵉʳ octobre suivant pour aller tenir garnison à Compiègne.

En 1870 le régiment se trouvait encore à Compiègne lorsque la guerre éclatait entre la France et la Prusse.

Les 1ᵉʳ, 2ᵉ, 3ᵉ, 5ᵉ et 6ᵉ escadrons sont mobilisés. Le 4ᵉ escadron reste au dépôt.

Le régiment mobilisé était ainsi composé :

État-major.

MM. PETIT, colonel.
    DE BRUCHARD (1), lieutenant-colonel.
    INNOCENTI, chef d'escadron.
    GERVAIS, chef d'escadron.
    GRAUD, capitaine adjudant-major.
    LECLERC, capitaine adjudant-major.
    SAVARD, adjoint au trésorier.
    PÉGON, porte-aigle.
    RÉVÉRARD, lieutenant d'état-major.
    LIARD, médecin-major.
    FRÉMONT, médecin aide-major.
    GURY, vétérinaire en premier.
    FACHET, vétérinaire en deuxième.

Premier escadron :

MM. BUÉ, capitaine-commandant.
    CRÉTENIER, capitaine en second.

(1) M. DE BRUCHARD ne rejoint le régiment qu'à Nancy, nommé en remplacement de M. DE LA FILOLIE.

BICHEZ, lieutenant en premier.
DE LA REDORTE (1), lieutenant en deuxième.
HAAN, sous-lieutenant.
ROZIÈRE, sous-lieutenant.
PIC, sous-lieutenant.

Deuxième escadron :

MM. BEYNES, capitaine-commandant.
GIN, capitaine en deuxième.
DUCASSÉ, lieutenant en premier.
DES BROSSES, lieutenant en deuxième.
DE LANGALERIE, sous-lieutenant.
TINET, sous-lieutenant.
PIGNAUT, sous-lieutenant.

Troisième escadron :

MM. THOMAS, capitaine-commandant.
N..., capitaine en deuxième.
DE SOLAN, lieutenant en premier.
DE SAINT-JAMES (2), lieutenant en deuxième.
JOLLY, sous-lieutenant.
LOUVET, sous-lieutenant.
PAULLARD, sous-lieutenant.

Cinquième escadron :

MM. VIEUX-LA-MARINE, capitaine-commandant.
CAILLON, capitaine en deuxième.
DUVAL, lieutenant en premier.
FALLOT, lieutenant en deuxième.
KLEIN, sous-lieutenant.
MARIE, sous-lieutenant.
BOSSION, sous-lieutenant.

(1) Détaché auprès de M. le général commandant la brigade comme officier d'ordonnance.
(2) Détaché auprès de M. le général commandant la brigade comme officier d'ordonnance.

Sixième escadron :

MM. BOURGEOIS, capitaine-commandant.
    ROQUES, capitaine en deuxième.
    DUMOULIN, lieutenant en premier.
    DECENCIÈRE, lieutenant en deuxième.
    BRILLOUIN, sous-lieutenant.
    TOBIN, sous-lieutenant.
    FIQUET, sous-lieutenant.

Le régiment ainsi constitué forme, avec celui des cuirassiers de la garde, la troisième brigade de la division de la cavalerie de la garde.

Cette division était ainsi formée :

Commandant de la division : général DESVAUX.

Première brigade :

Général DU FRETAY, commandant.

Régiment des guides.
Régiment des chasseurs à cheval.

Deuxième brigade :

Général DE FRANCE, commandant.

Régiment des lanciers.
Régiment des dragons.

Troisième brigade :

Général DU PREUIL, commandant.

Régiment des cuirassiers.
Régiment des carabiniers.

Artillerie :

1re et 2e batteries du régiment d'artillerie à cheval.

La division de cavalerie, ainsi constituée, faisait partie

du corps de la garde commandé par le général Bourbaki.

Le 21 juillet, le régiment quitte Compiègne. Il fait étape à Pont-Saint-Maxence et à Luzarches. Le 23 il arrive à Paris, où il est embarqué, le lendemain matin, à trois heures, à la gare de Pantin. Il est débarqué à Nancy, où il arrive le 25 à cinq heures du matin. La division de cavalerie de la garde réunie est campée dans les prairies de Marcéville, sur les bords de la Meurthe, à 3 kilomètres de Nancy.

Le 27 le régiment part pour Pont-à-Mousson, d'où il est dirigé sur Metz le 28. Il reste à Metz jusqu'au 3 août.

Le 4 août, départ pour la frontière du côté de Saint-Avold. Le régiment est campé aux Étangs. Il bivouaque successivement le 5 à Courcelles, le 6 à Volmerange. Le 7 il marche sur Boucheporn, d'où il rétrograde sur Metz. Le soir il s'établit au bivouac à Longeville; le 8 à Silly, près Fauligny; le 9 à Maizeray, près Pangé; le 10 le régiment campe sous Metz à Borny, qu'il ne quitte que le 15 au soir, dirigé sur Gravelotte. Le 16, le régiment assiste à la bataille de Gravelotte; il a quelques hommes blessés.

Le 17, à Lessy, près Châtel-Saint-Germain; le 18, à Saint-Privat, d'où, le soir, à Plappeville.

Le régiment reste sous Metz jusqu'au 30 août. Le 31 août et le 1er septembre il assiste à la bataille de Servigny. Il rentre alors dans son campement (1), qu'il ne quitte plus désormais.

---

(1) Depuis le 19 août toute la cavalerie de la garde était réunie dans l'île Chambière.

Le 4 septembre, la viande de cheval fait sa première apparition dans les distributions.

Le 24 le régiment est en partie démonté : deux escadrons, 1 et 3, restent montés ; 2, 5 et 6 sont mis à pied et les hommes sont armés de fusils d'infanterie. Les chevaux des escadrons démontés sont envoyés à la boucherie.

La capitulation, décidée le 27 octobre, est signée le 28. Le régiment est prisonnier de guerre le 29. Le 1er novembre, les départs pour l'Allemagne commencent.

Le dépôt fournit aux armées de province trois escadrons de marche :

Un au 2e cuirassiers de marche, qui reste dans Paris pendant le siége ;

Un au 5e cuirassiers de marche, lequel faisait partie de la division de cavalerie du 18e corps. Il fit la campagne de l'Est avec le général Bourbaki et fut prisonnier en Suisse ;

Enfin, un troisième, au 7e cuirassiers de marche, qui fut attaché à la colonne mobile du général Camô (armée de la Loire).

Par ordonnance du 4 février 1871, les régiments de l'ex-garde, qui étaient en fait supprimés (1), l'étaient officiellement et concouraient à la formation de nouveaux régiments, au moyen des régiments de marche et des dépôts et prisonniers des anciens régiments.

(1) Un décret du 18 octobre 1870 supprimait la garde impériale et décidait que le licenciement s'opérerait au fur et à mesure que les circonstances le permettraient.

C'est ainsi que tout ce qui restait des anciens carabiniers était versé au 11ᵉ régiment de marche de cuirassiers (1), qui devenait le nouveau 11ᵉ cuirassiers. Le colonel PETIT, le dernier colonel des carabiniers, prenait, à son retour de captivité, le commandement du nouveau régiment.

Les carabiniers français, qui comptaient cent quatre-vingt-quinze années de si glorieuse existence, étaient définitivement supprimés.

(1) Le 11ᵉ régiment de marche de cuirassiers fut formé à la fin de la guerre d'escadrons de marche des 5ᵉ, 7ᵉ et 10ᵉ régiments de cuirassiers et des cuirassiers de la garde. Ce régiment avait été désigné pour former, avec le 10ᵉ cuirassiers de marche, la 2ᵉ brigade de la division de cavalerie du 16ᵉ corps d'armée en formation à Lyon pendant l'armistice.

APPENDICES

APPENDICES

RÉGIMENT ROYAL DE CARABINIERS.

1693-1758.

MESTRES DE CAMP. — CHEFS DE BRIGADE. — ÉTATS-MAJORS DES BRIGADES EN 1740.

Mestre de camp. — Le Roy.

Mestres de camp lieutenants, commandant en chef :

Louis-Auguste de Bourbon, DUC DU MAINE, 1er novembre 1693.
Louis-Auguste de Bourbon, PRINCE DE DOMBES, 10 mai 1736.

Chefs de brigade :

Première brigade.

MM. le chevalier DU MESNIL, 1693.
le comte D'AUBETERRE, 1694.
DE VERNEUIL, 1707.
le chevalier DE SAUGUIN, 1716.
DE LA MOTTE, 1722.
le comte DE CHIEZA, 1740.
DE MALÉZIEU DES TOURNELLES, 1747.
DE LA VALETTE, 1748.
DE LESTANG, 1748.
DE MAISONS, 1758.

Deuxième brigade.

MM. le commandeur DU ROZEL DE CAGNY, 1693.
DE GRIEU, 1716.
DE VALCOURT, 1733.

DE GUIRY, 1742.

DE LA PLANCHE DES MORIÈRES, 1746.

DE BUSSY-LAMETH, 1748.

DE LA TOUR-SAINT-ANDRÉ, 1758.

Troisième brigade.

MM. le marquis D'ACHY, 1693.

DE CLOYS (1), 1702.

DE FROIDEAU, 1719.

DE PARABÈRE, 1722.

le marquis DE CRÉQUI, 1735.

le marquis DE BOVET, 1749.

Quatrième brigade.

MM. DE RÉSIGNY, 1692.

DE LESTANG, 1702.

DE PUJOL, 1719.

DE PRÉMONT, 1735.

le comte DE MONTMORENCY-LOIGNY, 1742.

le vicomte DE DURFORT-ROSINE, 1756.

Cinquième brigade.

MM. le commandeur DE COURCELLES, 1693.

le chevalier D'IMÉCOURT, 1702.

le marquis DE ROUVRAY, 1705.

DE PARDAILLAN, 1716.

le marquis DE VICHY, 1734.

DE CHAMRON, 1742.

DE GRIMALDI, 1742.

le marquis DE BRASSAC (2), 1743.

PINON DE SAINT-GEORGES, 1756.

---

(1) Nicolas LE BLANC DE CLOYS, maréchal de camp par brevet du 8 mars 1718.

(2) René GALARD DE BÉARN, MARQUIS DE BRASSAC, lieutenant général le 17 décembre 1759.

États-majors des brigades en 1740.

Première brigade de la Motte.

Chef de brigade, M. DE LA MOTTE, maréchal de camp.
Lieutenant-colonel, M. le comte DE GUIRY-CHAMRON.
Major, M. N...
Premier capitaine, M. DESTOURNELLES.
Ayde-major, M. DE BISSY.

Seconde brigade de Valcourt.

Chef de brigade, M. DE VALCOURT, maréchal de camp.
Lieutenant-colonel, M. le chevalier DE BEAUVAIS, brigadier.
Major, M. DE VALCOURT DE MARSILLY, fils.
Premier capitaine, M. DE TALLERAND.
Ayde-major, M. D'AVOUT.

Troisième brigade de Vichy-Chamron.

Chef de brigade, M. le marquis DE VICHY-CHAMRON, brigadier.
Lieutenant-colonel, M. le comte DE CHIÈZE, brigadier.
Major, M. N...
Premier capitaine, M. DE LA ROCHE.
Ayde-major, M. le chevalier DE CALMEILH, capitaine.

Quatrième brigade de Prémont.

Chef de brigade, M. DE PRÉMONT, brigadier.
Lieutenant-colonel, M. DE PRUDAMONT.
Major, M. LE BLANC DE CLOYS.
Premier capitaine, M. DE CŒURLY.
Ayde-major, M. DE PUJOL DE LA GRAVE.

Cinquième brigade de Créquy.

Chef de brigade, M. le marquis DE CRÉQUY, brigadier.
Lieutenant-colonel, M. N...
Major, M. DE MAISONS.
Premier capitaine, M. DE LESTANG.
Ayde-major, M. DAILHAN DE PRÉMITAL, capitaine.

II.

RÉGIMENT

DES

CARABINIERS DE M. LE C^{TE} DE PROVENCE.

1758-1774.

COMPOSITION DES ÉTATS-MAJORS DU RÉGIMENT
ET DES BRIGADES POUR LES ANNÉES 1765, 1766, 1771, 1773, 1774.

État-major du régiment.

Mestre de camp depuis 1758 :

Monseigneur le comte DE PROVENCE.

Mestre de camp lieutenant-inspecteur depuis 1758 :

M. le marquis DE POYANNE, lieutenant général.

Major général :

M. le baron DE LIVRON.

Aides-majors généraux :

MM. DE CHATEIGNER, 1765.
le chevalier DE MALSEIGNE, 1771.

États-majors des brigades.

Première brigade.

Mestres de camp :

MM. DE MALVOISIN, 1763.
le comte DE MONTESQUIOU.

Lieutenants-colonels :

MM. DU SOULIER, 1765.
DE VOGUÉ, 1766.
le chevalier DU SOULIER, 1771.

Aydes-majors :

MM. le comte DE SOIGNES, 1765.
DE LA BASSÈRE, 1771.

Sous-aydes-majors :

MM. le comte DE SAINT-AULAIRE, 1761.
DE LA BASSÈRE, 1766.
DE PONTMARTIN, 1771.

Deuxième brigade.

Mestres de camp :

MM. le comte DE SAINT-GIRONS (1), 1759.
le comte DE TROISVILLES, 1770.

Lieutenants-colonels :

MM. DE CAMBON.
le comte DE VOGUÉ, 1771.

Aydes-majors :

MM. le chevalier DE PRADEL.
D'AVOUT, 1771.

Sous-aydes-majors :

MM. DE LA BUSSIÈRE.
DE GUICHENÉ, 1771.

(1) Jean-Marie D'ADVISARD, COMTE DE SAINT-GIRONS, promu maréchal
de camp le 16 avril 1767.

Troisième brigade.

Mestres de camp :

MM. DE L'ISLE, 1762.
le chevalier DE SOLAGES, 1765.
le comte DE BÉTHUNE, 1768.

Lieutenants-colonels :

MM. le chevalier DE SOLAGES.
le comte D'ALLONVILLE, 1771.

Aydes-majors :

MM. D'HEYMANN.
le chevalier DE PRADEL, 1771.
le comte DE CHARDEBŒUF DE PRADEL, 1773.

Sous-aydes-majors :

MM. DE SALLANT.
D'ARBOUCAVE, 1771.

Quatrième brigade.

Mestres de camp :

MM. le chevalier DE MONTAIGU, 1759.
le chevalier DE CAMBON, 1769.

Lieutenants-colonels :

MM. le comte DE DAMAS.
le chevalier DE CHATEIGNER, 1771.

Aydes-majors :

MM. DE CHALUP.
le comte DE SAINT-AULAIRE, 1766.
DE LA BUSSIÈRE, 1771.

Sous-aydes-majors :

MM. DE SARLABOUST.
le chevalier DE BERNES, 1771.

Cinquième brigade.

Mestres de camp :

MM. DE MONTESQUIOU, 1763.
le chevalier DE MONTAIGU, 1771.

Lieutenants-colonels :

MM. DU SOULIER, 1766.
le comte DE TOUSTAIN DE VIRAY, 1771.

Aydes-majors :

MM. DE LA HAYE.
DE FOUCAUD, 1771.

Sous-aydes-majors :

MM. DE PONTMARTIN.
DE SURVILLE, 1771.

III.

RÉGIMENT

DES

CARABINIERS DE MONSIEUR.

1774-1791.

OFFICIERS COMPOSANT LES DIFFÉRENTS ÉTATS-MAJORS
DU CORPS ET COMMANDANT LES ESCADRONS.

État-major du régiment.

1774-1791.

Mestre de camp :

MONSIEUR.

Mestres de camp lieutenants inspecteurs (1) :

MM. le marquis DE POYANNE.
le comte DE CHABRILLAN, 1781.

Mestre de camp lieutenant commandant en second (1776-1777) :

M. le chevalier DE MONTAIGU.

Majors-généraux (supprimés en 1788) :

MM. le baron DE LIVRON.
le chevalier DE MALSEIGNE, 1781.

Aides-majors-généraux (supprimés en 1786) :

MM. le chevalier DE MALSEIGNE.
DE LA BUSSIÈRE, 1778.
le comte DE FOUCAUD, 1784.

États-majors des brigades.

1775-1776.

Première brigade.

Mestre de camp :

M. le comte DE MONTESQUIOU.

Lieutenant-colonel :

M. le chevalier DU SOULIER.

Aide-major :

M. le baron DE LA BASSÈRE.

Sous-aide-major :

M. DE SAINT-HILAIRE.

---

(1) Les titres de mestre de camp et de mestre de camp lieutenant sont remplacés, en 1788, par ceux de colonel propriétaire et colonel lieutenant.

Deuxième brigade.

Mestres de camp :

MM. le comte DE TROISVILLES.
le comte DE MONTRÉALE, 1776.

Lieutenant-colonel :

M. le comte DE VOGUÉ.

Aide-major :

M. D'AVOUT.

Sous-aide-major :

M. DE GRIMOULT.

Troisième brigade.

Mestre de camp :

M. le comte DE BÉTHUNE.

Lieutenant-colonel :

M. le comte D'ALLONVILLE.

Aide-major :

M. le chevalier DE BERNES.

Sous-aide-major :

M. DE BEAUREPAIRE.

Quatrième brigade.

Mestre de camp :

M. le chevalier DE CAMBON.

Lieutenant colonel :

M. le chevalier DE CHATEIGNER.

Aide-major :

M. DE LA BUSSIÈRE.

Sous-aide-major :

M. VILMET.

Cinquième brigade.

Mestre de camp :

M. le chevalier DE MONTAIGU.

Lieutenant-colonel :

M. le comte DE TOUSTAIN DE VIRAY.

Aide-major :

M. le comte DE FOUCAUD.

Sous-aide-major :

M. DE SURVILLE.

Lieutenants-colonels commandants d'escadrons. 1776-1780.

MM. le chevalier DU SOULIER.
le chevalier DE CHATEIGNER.
le chevalier DE MALSEIGNE.
le comte DE PLEURRE.
le chevalier DE LORDAT.
le chevalier DE MONTGAZIN.
DE BORET.
le baron DE SERAUCOURT.

États-majors des brigades et commandants d'escadrons.

1780-1788.

Première brigade.

Mestres de camp commandants :

MM. le chevalier DE MONTAIGU.
le chevalier DU SOULIER, 1781.
le marquis DE PLEURRE, 1785.

Mestres de camp en second :

MM. le vicomte DE BÉTHUNE.
le comte DE PRADEL, 1785.

Lieutenants-colonels :

MM. le comte DE CHATEIGNER.
le chevalier DE MONTGAZIN, 1781.
le baron DE SERAUCOURT, 1785.

Aides-majors (supprimés en 1787) :

MM. le comte DE FOUCAUD.
le baron DE LA BASSÈRE, 1784.

Lieutenants-colonels commandant les deux derniers escadrons
(supprimés en 1787) :

MM. le marquis DE PLEURRE.
le chevalier DE MONTGAZIN.
le comte DE CHARDEBŒUF DE PRADEL, 1781.
le marquis DE LASTEIRIE DU SAILLANT, 1781.
le marquis DE SAINT-CLOU, 1784.
le comte DE ROSSEL, 1785.

Lieutenant-colonel surnuméraire (créé en 1787) :

M. le marquis DE SAINT-CLOU.

Major (créé en 1787) :

M. le comte DE FOUCAUD.

Deuxième brigade.

Mestres de camp commandants :

MM. le chevalier DE CAMBON.
le comte DE CHASTEIGNER, 1781.
le vicomte DE BÉTHUNE (1), 1784.

(1) Claude-François-Guislain, vicomte DE BÉTHUNE, fut fait gentil-
homme d'honneur de Monsieur et maréchal de camp le 5 octobre 1787

Mestres de camp commandant en second :

MM. le chevalier DU SOULIER.
le marquis DE PLEURRE, 1781.
DE CASTRES, 1785.
le baron DE SEROCOURT, 1787.

Lieutenants-colonels :

MM. le chevalier DE MALSEIGNE.
DE BORET, 1781.
le comte DE CHARDEBŒUF DE PRADEL, 1784.
le marquis DE LASTEIRIE DU SAILLANT, 1785.
le vicomte DE DOLLIAMSON, 1787.

Aides-majors :

MM. le chevalier DE BERNES.
le chevalier DE RAINCOURT, 1785.

Lieutenants-colonels commandant les deux derniers escadrons.

MM. DE BORET.
le baron DE SEROCOURT.
le vicomte DE DOLLIAMSON, 1781.
le chevalier DU PERRON, 1785.

Lieutenant-colonel surnuméraire :

M. le chevalier DU PERRON.

Major :

M. le baron DE LA BASSÈRE.

États-majors particuliers et chefs d'escadrons des deux régiments.

1788-1791.

Premier régiment.

Colonels-lieutenants en second :

M. le comte DE PRADEL.
M. le marquis DE LASTEIRIE DU SAILLANT, 1789.

Lieutenant-colonel :

M. le comte DE ROSSEL.

Major :

M. le comte DE FOUCAUD.

Major en deuxième :

M. N...

Chefs d'escadrons :

MM. le chevalier DE LORT.
DE SURVILLE.
le chevalier DE BAGNEUX.
DE VIOLAINE.
le marquis DE COURTIVRON, 1789.

Deuxième régiment.

Colonels-lieutenants en second :

MM. le baron DE SEROCOURT.
le comte DE BERNES (1), 1789.

Lieutenant-colonel :

M. le vicomte DE DOLLIAMSON.

Major :

M. le baron DE LA BASSÈRE.

Major en deuxième :

M. le comte Maurice DE CARAMAN, 1790.

Chefs d'escadrons :

MM. le marquis DE SAVARY.
le baron D'ARBOUCAVE.

(1) Gabriel-Henri, comte DE BERNES D'ORIVAL, servit dans les carabiniers depuis le grade de lieutenant. Il fut promu au grade de maréchal de camp en 1814 et nommé par le roi grand-croix de Saint-Louis le 29 décembre de la même année. Il avait alors soixante-douze ans.

le chevalier DE RAINCOURT.
le chevalier DE SAINT-AIGNAN.
le chevalier DE BAGNEUX, 1789.
le comte DE LA BAUME, 1790.

IV.

COLONELS

DES

1ᵉʳ ET 2ᵉ RÉGIMENTS DE CARABINIERS.

1791-1815.

Premier régiment.

MM. le marquis DE VALENCE, 1791.
DE MEILLONAS, 1791.
DE BERRUYER (1), 1792.
ANTOINE, 1792.
BAGET, 1793.
le comte DE JAUCOURT, 1793.
GIRARD, 1795.
COCHOIS, 1799.
le prince BORGHÈSE (2), 1805.
LAROCHE, 1807.
le chevalier DE BALLIENCOURT, 1813.
ROZÉ, 1815.

(1) Jean-François DE BERRUYER, entré au service, à l'âge de seize ans, comme soldat dans le régiment d'Aumont. Lorsqu'il fut nommé colonel du 1ᵉʳ carabiniers, le 5 février 1792, il avait déjà quatorze blessures reçues dans différents combats. Général de division le 1ᵉʳ septembre 1792. Inspecteur général de la cavalerie de 1795 à 1797. Commandant de l'hôtel des Invalides en 1798 jusqu'à sa mort (27 avril 1804).

(2) Camille ALDOBRANDINI, PRINCE BORGHÈSE, fut ensuite gouverneur général des provinces au-delà des Alpes.

Deuxième régiment.

MM. le comte DE FOUCAUD-LA-BESSE, 1792.
le chevalier DE RAINCOURT, 1792.
DE BEAUFRANCHET D'AYAT (1), 1792.
D'ANGLARS, 1792.
DE CAULAINCOURT, 1799.
MORIN, 1803.
BLANCARD (2), 1807.
DE SÈVE, 1813.
BEUGNOT, 1815.

V.

RÉGIMENT

DES

CARABINIERS DE MONSIEUR.

1815-1825.

Colonels et officiers supérieurs.

Colonels :

MM. le comte DE BRÉON (3).
DESPONTY DE SAINT-AVOYE, 1823.

Lieutenants-colonels :

MM. COIFFIER.
DE LECLER DU RIVAUD, 1824.

---

(1) Louis-Claude-Antoine DE BEAUFRANCHET, comte D'AYAT. Il fut promu au grade de maréchal de camp le 1er septembre 1792. Il mourut en 1812, inspecteur général des haras depuis 1810.

(2) Amable-Guy, baron BLANCARD, fut fait maréchal de camp le 18 septembre 1813.

(3) Général de brigade, 1823.

Chefs d'escadrons :

MM. CADE.
LEMAU.
DENORMANDIE, 1823.

Majors :

MM. DE LECLER DU RIVAUD.
LIBERT, 1824.

VI.

1ᴱᴿ ET 2ᴱ RÉGIMENTS DE CARABINIERS.

1825-1866.

Colonels et officiers supérieurs.

Premier régiment.

Colonels :

MM. le baron DESPONTY DE SAINTE-AVOYE.
BLANQUEFORT, 1831.
DAVESIÈS DE PONTÈS, 1836.
RAVEL (1), 1847.
MARION (2), 1852.
MAVET (3), 1853.
BECQUET-BEAUPRÉ, 1855.
DE GRAMONT, 1859.

(1) Général de brigade, 10 mai 1852.
(2) Général de brigade, 1ᵉʳ novembre 1853.
(3) Général de brigade, 28 décembre 1855.

Lieutenants-colonels :

MM. le vicomte DE QUÉLEN.
    DESMONTS, 1829.
    DE CHALENDAR, 1831.
    ASSANT, 1833.
    PAIN, 1840.
    ARBELLOT (1), 1850.
    GALAND DE LONGUERUE (2), 1853.
    PAJOL, 1854.
    NITOT (3), 1858.
    THORNTON, 1862.

Chefs d'escadrons :

MM. CADE.
    DENORMANDIE.
    DE LAMOTHAYE, 1829.
    ASSANT, 1831.
    DUGEN, 1833.
    D'OULLENBOURG, 1835.
    NEY D'ELCHINGEN (4), 1838.
    DE RAVEL, 1839.
    PEYRONNEY, 1840.
    AMBERT, (5) 1844.
    ROCHEFORT, 1844.
    TIXEDOR, 1848.
    DUBOSC DE NEUILLY, 1848.
    DE BRAUER (6), 1851.
    ROUYER, 1851.

(1) Général de brigade, 12 mai 1860 (réserve).
(2) Général de brigade, 28 avril 1866.
(3) Général de brigade, 26 octobre 1870 (réserve).
(4) Général de brigade, 22 décembre 1851.
(5) Général de brigade, 12 août 1857 (retraité). Le baron Ambert est
l'auteur des *Esquisses historiques de l'armée française* et de plusieurs
ouvrages militaires distingués.
(6) Général de brigade, 14 décembre 1868 (réserve).

Dupart (1), 1854.
Dupressoir, 1855.
Fauran, 1855.
Chabaud, 1856.
Mouton, 1859.
Friant, 1860.
de la Salle, 1861.

Majors :

MM. Libert.
Saguez, 1832.
Massiet, 1847.
Bourboulon, 1851.
de Bourgogne, 1859.

Deuxième régiment.

Colonels :

MM. Gusler.
Bertaux, 1833.
Lebon-Desmottes, 1839.
de Wacquant, 1847.
de Feu, 1852.
d'Oullembourg, 1855.
de Vanteaux, 1858.
Massue (2), 1860.

Lieutenants-colonels :

MM. le vicomte de Roussy.
le baron Dufourt d'Antist (3), 1829.
du Barail, 1830.
le comte Waldner de Freudenstein (4), 1831.
de Launay de Lamothaye, 1835.

(1) Général de brigade, 27 octobre 1870 (commandant la 3e brigade de hussards).
(2) Général de brigade, 1868.
(3) Général de division, 22 décembre 1851.
(4) Général de division, 3 janvier 1851.

Salmon, 1842.

Mavet, 1848.

de Senneville, 1851.

Courvoisin, 1855.

Delagoutte du Vivier, 1859.

Chefs d'escadrons :

MM. le comte de Fournoue de Montalembert.

le comte de Mannoury.

Gaillard d'Auberville, 1829.

Duport de Pontcharra, 1831.

De Clerck, 1831.

Noel, 1832.

de Lacombe de Camy, 1838.

de Hody, 1839.

d'Oullembourg, 1840.

Megret de Devise, 1841.

Fouasse de Merinville, 1842.

Boudinhon, 1844.

Hérissant, 1849.

Lami-Sarrazin, 1851.

Charron du Portail, 1852.

de Roquebeau, 1854.

Tilmant, 1855.

Sentetz, 1855.

Hatry, 1858.

Wolf, 1862.

Innocenti, 1863.

Majors :

MM. Sarmejane.

Partourneaux, 1833.

Gasse, 1839.

Sentetz, 1851.

Forchy, 1855.

Wolf, 1858.

Boré-Verrier, 1861.

VII.

RÉGIMENT

DES

CARABINIERS DE LA GARDE IMPÉRIALE.

1866-1871.

Colonels et officiers supérieurs.

Colonels :

MM. DE GRAMONT (1).
PETIT (2), 1869.

Lieutenants-colonels :

MM. THORNTON (3).
CORNAT (4), 1867.
DE LA FILOLIE, 1869.
DE BRUCHART, 1870.

Chefs d'escadrons :

MM. TILMANT.
FRIANT (5),.

(1) Général de division, 11 octobre 1873.
(2) Général de brigade, 7 octobre 1874 (commandant la 4ᵉ brigade de hussards).
(3) Général de division, 30 septembre 1875 (commandant la 2ᵉ division de cavalerie).
(4) Général de division, 30 décembre 1875 (commandant la 2ᵉ division de cavalerie).
(5) Général de brigade, 30 septembre 1875 (commandant la 1ʳᵉ brigade de chasseurs).

DE LA SALLE (1).
INNOCENTI.
FOACHE, 1868.
GERVAIS, 1869.

Majors :

MM. BORÉ-VERRIER (2).
DE BRÉCOURT, 1868.

VIII.

LISTE ALPHABÉTIQUE

DES CARABINIERS DE TOUS GRADES QUI ONT REÇU
DES ARMES D'HONNEUR
PENDANT LES CAMPAGNES DE LA RÉPUBLIQUE (3).

BENOIT (Louis-Nicolas), maréchal des logis au 2ᵉ régiment,
obtint un sabre d'honneur, le 10 prairial an XI, pour
s'être fait remarquer dans une charge de cavalerie pendant laquelle il fit quatre prisonniers.

BOULLET (Pierre-François), maréchal des logis chef au 2ᵉ régiment, reçut un sabre d'honneur, le 10 prairial an XI,
pour s'être signalé dans une charge de cavalerie et avoir
fait cinq prisonniers.

DAVID (François), carabinier au 1ᵉʳ régiment, reçut un mousqueton d'honneur, le 22 thermidor an VIII, pour s'être

(1) Général de brigade, 30 décembre 1875 (commandant la 2ᵉ brigade
de chasseurs).
(2) Général de brigade, 10 novembre 1875 (commandant la 1ʳᵉ brigade
de cuirassiers).
(3) Extrait de la liste générale contenue dans le quatrième volume de
l'*Histoire de l'armée,* d'A. Pascal.

signalé au passage du Danube et avoir enlevé un drapeau à l'ennemi.

Dunaime (Jacques), cavalier au 1er régiment, reçut un mousqueton d'honneur, le 22 thermidor an VIII, pour sa brillante conduite au passage du Danube, où il enleva un drapeau à l'ennemi et fit prisonnier celui qui le portait.

Duplant (Benoît), maréchal des logis au 1er régiment, reçut un sabre d'honneur, le 10 prairial an XI, pour sa conduite distinguée pendant les premières guerres de la Révolution.

Lecesne (Pierre), fourrier au 2e régiment, obtint un mousqueton d'honneur, le 10 prairial an XI, pour s'être signalé au passage du Danube, dans un engagement où il fit plusieurs prisonniers, dont un officier.

Leroy (Toussaint-Joseph), maréchal des logis chef au 1er régiment, reçut un sabre d'honneur, le 10 prairial an IX, pour les marques de valeur qu'il donna aux armées d'Allemagne de 1793 à 1800.

Lesseline (Augustin), cavalier au 1er régiment, reçut un mousqueton d'honneur, le 10 prairial an XI, pour avoir fait mettre bas les armes, étant en patrouille avec deux de ses camarades, à un poste de quinze hommes.

Menant (Charles), maréchal des logis au 1er régiment, reçut un mousqueton d'honneur, le 10 prairial an X, pour avoir fait prisonnier le général autrichien Orelly, au passage du Rhin, après avoir tué son aide de camp.

Monet (François-Denis), brigadier au 2e régiment, obtint un mousqueton d'honneur, le 10 prairial an XI, pour s'être emparé à Hohenlinden, à l'aide de trois de ses camarades, d'une pièce de 8.

Normand (Victor), maréchal des logis au 2e régiment, obtint un sabre d'honneur, le 10 pluviôse an X, pour sa brillante valeur aux armées du Danube et du Rhin, notamment près de Dillingen, où il fit mettre bas les armes à deux cents hommes d'infanterie.

PERRIER (Nicolas-François), carabinier au 2e régiment, reçut une carabine d'honneur, le 10 prairial an XI, pour s'être emparé d'une pièce de 8 à Hohenlinden, après avoir tué ou dispersé les canonniers qui la servaient.

PILLARD (Pierre-Nicolas), maréchal des logis au 2e régiment, reçut un sabre d'honneur, le 10 prairial an XI, pour avoir chargé sur une batterie de six pièces et s'être emparé de l'une d'elles, après avoir tué plusieurs canonniers autrichiens.

PRIOLAT (Michel), carabinier au 2e régiment, reçut une carabine d'honneur, le 10 prairial an XI, pour avoir fait plusieurs prisonniers et tué un grand nombre d'ennemis, dans une charge de cavalerie.

RAPP (Joseph), trompette au 1er régiment, reçut une trompette d'honneur, le 10 prairial an XI, pour avoir pénétré le premier dans un carré ennemi, et avoir fait un officier autrichien prisonnier.

THOLINGRE (Pierre-Martin), carabinier au 1er régiment, obtint un mousqueton d'honneur, le 10 prairial an XI, pour avoir chargé sur une batterie ennemie, à Hohenlinden, et avoir contribué à s'en rendre maître.

VANROYE (Pierre), maréchal des logis au 2e régiment, reçut un sabre d'honneur, le 10 prairial an XI, pour sa conduite distinguée aux armées du Danube et du Rhin en 1799 et 1800.

TABLE DES MATIÈRES

CHAPITRE VII.

Pages.

APPENDICES.

Paris. — Typographie Georges Chamerot, 19, rue des Saints-Pères. — 6432.

[illegible]

[illegible]

[illegible]

[illegible]

[illegible]

[illegible]

www.ingramcontent.com/pod-product-compliance
Ingram Content Group UK Ltd.
Pitfield, Milton Keynes, MK11 3LW, UK
UKHW020931120726
13693UKWH00003B/1256